U0072544

父母心子女情

開啟 感情 與 家庭 和諧之鑰

林蕙瑛◎著

張蓬潔◎圖

【推薦序】

　　從事性教育工作多年，也常常應邀到各機關學校進行演講，但總是不忘要先為性教育「正名」。因為許多人對於性教育都有些誤解，以為「性」只是男女間肌膚相親的一些行為，而「性教育」也只是青春期或性生殖生理的教育，其實那都是非常錯誤與狹隘的看法。事實上，「性」是人生的重要課題，它不僅關係著個人的身心健康以及家庭的幸福美滿，而且也影響社會的秩序與安寧，實不可不予重視。

　　完整的性教育包括所有與性相關的學習，如性生理（認識性器官、生理發育、性反應、生殖）、性心理（性慾、性取向、戀愛及心理狀況）、性病理（性病、性異常行為、性功能障礙）、性倫理（性別角色、兩性交往）、性法理（性侵害、性騷擾、家庭暴力）等。因此，性教育事實上是一個很廣泛的教育計畫，從出生即已開始，亦可以稱之為「愛的教育」、「生活教育」以及「全人教育」。其目的是要幫助每一個人正確認識自己在性生理、心理、社會等各方面成熟的過程，以避免因為錯誤的知識或態度而造成損害；也在幫助個人對於人際關係有較深刻的認識，以發展自己的性別角色，如伴侶、父母親、子女等，並學習去愛、尊重和對他人負責；同時也幫助個人培養正確的觀念和建立

對道德所需要的了解，而這是在「做決定」時非常重要的依據。

因此，性教育與家庭生活教育事實上是最密切關聯的。因為家庭是兩性因愛而結合，且彼此負責任、親密的關係而得以維繫，而性教育的實施更是從家庭開始。所以，家庭生活教育一定要談到性，而談性也一定不能離開家庭，彼此的關係實是密不可分。

過去對於家庭的認知是「一個男人與一個女人，以及他們的子女所組成最基本的社會組織」，強調成員的婚姻與血緣關係。但隨著社會風氣的開放和社會型態的轉變，現代家庭結構也已然丕變。因為離婚、再婚、工作、經濟問題等因素，出現包括單親家庭、再婚家庭、隔代教養家庭、重組家庭以及同居家庭等許多新型態的家庭結構；隨著更多女性踏入工作職場，並且取得舉足輕重的主導地位，男性也已經不再是家庭經濟唯一的來源。男女兩性從過去的「男主外、女主內」，轉而開始講求家庭分工，再加上生育子女的人數減少，使得家庭的權力結構產生明顯的變化。這些轉變，再再都衝擊著社會對於家庭的認知，甚而也導致產生新的家庭問題。

現代社會兩性接觸與交往愈加頻繁，性的問題與困擾不只發生在青少年身上，也可能發生在成年人的身上，因此現代家庭不

能只是父母對子女單向的指導與要求，也必須顧及子女對於父母的態度和行為會有所想法與期待，再加上亦不能自外於其他家族的成員。因此，如何建立家庭成員間暢達溝通平台，進行有效的溝通，達至和諧的氣氛，是現代家庭所有成員必須要學習的重要課題。

本書作者林蕙瑛教授，是國內知名的愛情婚姻諮商專家，在家庭諮商與心理輔導方面具有相當豐富的學理與技術，也時常在報刊發表專欄文章，文字精練，敘事說理深入淺出，向來深受各界所推崇。此番將其所長的二者融合，著作本書，以案例呈現出問題所在，再提出分析與中肯的建議，從而歸納演繹成為一般性的原則，使讀者從閱讀當中也可以推及己身，得到同理與啟發。加之林蕙瑛老師的文章一向兼具情理，不說教，亦不八股，猶如親切的老友與長者，細細聆聽對事情的陳述，再和緩提出其見解，使讀者因為感覺被同理，而能夠認同其見解與意見，讓作者與讀者的「溝通」更能獲致良好效果，這著實是相當地不容易。

本書內容分為「天下父母心」、「家庭子女情」、「婚姻進行曲」、「家庭變奏曲」四個單元，前兩個單元分別從父母、子女的角度來探討家庭其他成員的兩性問題，指導為人父母者如何處理子女的交友、戀愛問題，以及為人子女者如何看待父母的婚姻和感情問題，並旁及與家族其他成員的相處問題。

　　在「婚姻進行曲」、「家庭變奏曲」兩個單元中，分別探討夫妻相處、工作與婚姻、外遇、離婚、同居等問題，讓即將步入婚姻、已經置身婚姻當中，乃至視婚姻為桎梏，希望或者已然「逃脫」婚姻關係者，重新檢視婚姻的本質，學習建立理想的婚姻角色，讓婚姻關係得以更臻美好或獲得改善。

　　本書不只提供父母與子女溝通的技巧與方法，也提供子女跳脫自我立場，了解、同理父母行為的參考觀點，更提供讀者學習人際溝通與交往的借鏡，是親子共讀的好書，絕對值得一看。

國立台灣師範大學健康促進與衛生教育學系教授
杏陵醫學基金會執行長

晏涵文

【自序】

我在大學教授諮商系列課程，學生必先學習覺察及處理自身的一些問題，才能學習成為專業助人者，而學生來談的問題均為「關係」（relationship）問題，以家庭關係為主，感情關係次之。大學生談戀愛分分合合或流行劈腿，多少也與各自的家庭關係有關，與家庭中的父母婚姻狀態、兩代親情、家庭性教育及父母價值觀等息息相關，影響潛伏或呈現於個人言行觀念。

我在《自由時報》家庭版的專欄已經邁入第二十個年頭了，讀者來信逾萬封，來信的主題，當然也就是求解的問題，種類繁多，由個人外表信心、伴侶感情關係、家庭生活、夫妻衝突、性慾與性行為、婆媳問題、兩代或三代之間的親子教育及親子關係、子女感情問題、同性戀及離婚夫妻關係等等，雖是各有問題，還是在於人與人之間的關係困難。

我做婚姻諮商與性諮商多年，不論是單一案主或伴侶夫妻案主，婚姻與性的問題可以是兩人之間的，也可以是家庭之內，甚至伸展到家庭之外，可單純可複雜，就看個人是否有IQ及EQ來處理微妙的各種人際關係。案主經由諮商歷程釋放負面情緒，改變認知，進而發展新行為，在關係中產生良好互動。

「關係」是活的，是流動性的，每個人在關係中的問題看似

不同，其本質是相同的，因此處理問題的基本原則其實是相同的，為了要原樣呈現關係流動的樣貌，我選擇了八十篇讀者來信，每一篇都是現實生活中的案例，也是我們台灣社會中出現越來越多的問題，除了分析問題指引主訴求者方向外，也希望廣大的讀者群能夠了解目前台灣的社會現象，以同理心來關懷因困擾煩心的同胞們，也為自己未雨綢繆，參考方向指引及處理方式，也是一種學習。

關係出問題不是一朝一日形成的，國二兒子沉迷網路遊戲，父母在發現時才跳腳；成年女兒與中年男士同居，母親心痛無奈；父母離婚女兒行為改變等等，都是出了事才尋求補救，尤其是兩代親情，是由歲月累積而成，親情與教育其實是畫上等號的，注重親情就有教育，無教育或教育不良，親情則淡薄。

《父母心子女情》一書主旨在提倡關係之情，強調青少年親子關係、成人親子關係、夫妻伴侶關係、家庭成員之間關係、前夫前妻關係等，影響大人也影響到孩子，經由問題的補救，能刺激讀者思考預防之道。大家若都能在各人的角色中努力，則個人心情順暢，家庭和諧、社會安定。

　　《父母心子女情》一書是由幼獅公司前孫總編輯小英小姐催生，現任劉總編輯淑華小姐的大力支持，加上編輯周雅娣小姐長久不懈的聯絡與協助，以及幼獅公司其他成員的關注與貢獻，才得以出版，我非常感謝大家。另外要感謝的是我的助理陳建彰四年來的協助打字、聯絡及寄稿，還有我的先生——余若柏，謝謝他無時無刻的支持與了解。

　　這是我的第三十一本書，謹以此書獻給我八十六歲的母親，她一直很重視我的寫作，給我很多鼓勵！

林蕙瑛　寫於洛杉磯
二〇〇九年七月十四日

Part 1 天下父母心

Part II　家庭子女情

Part III　婚姻進行曲

Part IV 家庭變奏曲

part I
天下父母心

女兒談戀愛囉

心情三重奏

　　我是單親爸爸，女兒高一，最近交了同年級的男孩。我沒有禁止，但約法三章，就是我可以查看他們的網路對談；出去遊玩或看電影要在白天且需與其他同學在一起；只可以在我們家的客廳單獨見面做功課，我保證不會出來干擾，他們遵行已有四個多月了，父女相安無事。

男孩待我女兒相當好，對我也很有禮貌，我看得出女兒很喜歡他。我經常與同事王大姊討論，我們都在猜女兒是否愛上這男孩了，請問做爸爸的我，下一步該怎麼辦？

脫困妙招

我們做大人無法得知高一的女兒是否「愛」上該男生，因為她還太年輕，自己也分不清楚是迷戀還是喜歡，是友情抑或是戀情。比較令人驚訝的是，你居然花許多時間與同事討論女兒的事情，而不是與女兒坐下來好好聊天，問問她對這位男孩的感覺，她喜歡他哪些特質，以及她對這份情誼的期望為何？你們父女一向感情好，女兒也都遵守約法三章，溝通應不成問題，只是你若能分享自己的經驗、想法及感覺，她會因有模範而願意表達。

你不需要直接問她，她是否愛上男友，現在灌輸她「愛情」的觀念還有點嫌早，但是她如果自以為已經深愛男友，則作為父親的就得必須很有耐心地經常找時間與女兒多次對談，介紹人生不同階段的性愛、感情、婚姻觀，尤其在青少年期間，是兩性人際關係的初始練習，若雙方交往愉快且順利，是可以增強以後的兩性互動行為，但因為每個人成長的步調及所

處環境不同，青澀戀情不一定能開花結果，若面臨分手也不是世界末日，她還是原來的她——父親最愛的女兒，父親也是一樣的疼她。

既然父女相依為命，親子關係的品質會影響她在感情生活中的選擇，因此保持親近關係，疼愛她、了解她、支持她，但在必要關頭堅守你的原則，是做好父親的一貫作風。

IQ+EQ 一點靈

案例中的單親爸爸，非常疼愛、關心女兒，花了許多心思訂定談戀愛的幾個「可以」及「不可以」，女兒也因為父親沒有反對而乖乖的遵循約定，父女之間頗有默契，這也是父女之間溝通的基礎。

除了父親的角色之外，還可以扮演朋友的角色，女兒已是小大人，因此除了父女對談外，還可以試著「成人」對談，傾聽她對人生、感情，甚至某一特定事件，例如麥可傑克森死亡或馬總統出訪中南美洲之看法，不持否定態度，盡量給她補充知識，提升她成熟的深度與廣度，潛移默化，她才能對男女關係有更深的認識。

分手不是世界末日

心情三重奏

　　女兒一上高中就交了同年級的男友，我們雖不贊成，也只好有條件地讓他們交往。她總是告訴我們男友多關心她、多愛她，兩人要一起用功考上同一大學，沒想到三個月後男友提出分手。

女兒承受不了哭著告訴我，我只能緊抱著她，安慰她一切都會沒事的，並非世界末日。但昨天我偷偷進入她的電腦，發現她張貼訊息給男友，傾訴愛意求他回頭。請問我該如何停止她這種自取其辱的行為？

脫困妙招

　　家庭中親子關係越緊密，則女兒越能看清身處健康關係中，與面臨受挫感情間的感覺差別；光是緊抱她並安慰她一切都會沒事的好意，對於初談戀愛卻受挫的少女來說，並非足夠的支持與獲得正確兩性交往的資訊。此時，父親所扮演的角色就非常重要，他一定要以同理心來詢問並感受女兒經歷此波折的歷程，並好言引導她去看分手後自己一直上網示愛的行為，讓她說出想法及感覺，而她會感受到一個好父親及健康的男性角色對她的關心與支持。

　　媽媽則可以多花點時間陪女兒上街購物，在家一起做美食，或請同學們到家裡來吃飯、唱歌，逐漸分散她對分手男友的注意力，也加強家庭成員的聯繫。同時也鼓勵她參加學校內外的課後活動，尤其是可以在身心方面提升成長經驗的活動。

　　最重要的是要讓她對自己有信心，喜歡自己懂得愛自己。當

初少男少女都太年輕，女兒投入很多憧憬在雙方交往上，根本沒看清楚對方是個有不同愛情憧憬的不成熟男生，如今男生離開了，她也學習到感情是自然的，但愛情卻無法預期，隨著時間的流逝及個人的成長，她的下一段感情關係一定比這次順心。

IQ+EQ 一點靈

案例中親子關係良好，父母信任女兒，讓她有限度的交男友，她就已經感覺到父母的關心與愛護。如果只是責罵及禁止，女兒就會陽奉陰違，一旦感情受挫，她就因怕被罵「早就跟你說過了，你現在知道了吧！」，反而不敢說，痛苦往肚裡吞，有可能會造成憂鬱情緒或對愛情觀產生偏差。

母親安慰只是天性，但父親平日也給予教誨，女兒有難時他當然也要參與安慰、支持及討論，而不是避而不談，以為這是母女對談，只是女人家的事而已。

大一兒子交高二女友

心情三重奏

　　兒子剛進大一沒多久就和高四補習班認識的女友分手了，現在大一下新交一女友居然是高二的女生，年齡差了三歲是小事，高中與大學生活截然不同才是問題，我擔心兒子是因前女友跑掉後，交個小女生比較安全，也找回自信心。

　　身為單親媽媽，我認為兒子應該享受大學生活，多與大學同學來往，要交女友也應該是大學生，我也擔心高中小女生會太依附我兒子，我的女性朋友們都同意我的看法，請問我如何向兒子開口？

脫困妙招

母親擔心兒子交女友的選擇是自然心態，但你就此事尋求朋友們對你想法的認同，及擔心兒子是否因反彈才交高中小女生，你甚至還擔心小女生會依賴大學生男友，那就有點小題大作。就算好的開始不一定是成功的一半，至少他倆從現在起有機會去學習長時間的適應，這是年輕人的成長必經歷程。

高二女生的心態如果較為成熟，情緒也穩定，則年齡差距或就學環境都不是問題，即使同樣是大學生，不論是同校或外校，男女分合是常見之事，從感情的美好或挫折中，他們逐漸體會出男女關係的微妙與複雜性，慢慢培養出人際技巧及兩性相處之道。

倘若你過分刻意地盯著兒子目前的感情關係，成天在他耳邊嘮叨，他就有可能會反彈，偏偏要和這位小女生交往且深入發展，就為了要證明你的擔心是多餘的。因此，千萬不要讓他有藉口這麼做，盡量不要去干涉他的交友，在言談中表現出對他的關心及信任。即使他犯了一些錯誤，那也是他必須經歷、體會而成長的途徑，請不要太擔心。

IQ+EQ 一點靈

　　媽媽總是擔心兒女的異性交往，經常交代不許這樣不准那樣，該問的卻不敢問，轉而向其他媽媽們訴苦、請教，殊不知媽媽們都是以大人的立場來看子女的感情關係，沒有自孩子們的觀點去了解他們的內心世界。也就是說，親子之間缺乏溝通認知與分享情緒。

　　有技巧的溝通除了能促進母子間的互相了解與信任外，也可套出男女交往的動態，例如「有一家電視美食節目報導的涮涮鍋店，肉質鮮嫩，湯頭好，價格公道，你可以帶女朋友去吃吃看，你們平常去那裡用餐？要不要推薦一下？」藉著資訊交流可以獲知他們年輕人的價值觀及金錢使用，甚至感情程度。

母女吵架怒目相視

心情三重奏

丈夫半年前車禍過世，全家愁雲慘霧，最近我發現國三的大女兒居然在原來的耳洞上又鑽了一個洞，右耳現在是兩個耳環圈。由於一年前她與男孩外出至午夜才回家，被我大罵一頓，我們一直有心結，這次我不知該如何「開戰」？

她其實是一個很聰明的孩子，人緣好，同學都喜歡她，她只是缺乏生命中的方向或熱情，請問我該如何引導她？現在又碰上穿耳洞事件，真棘手！

脫困妙招

母女親情就如同男女愛情一般，吵架吵多了，不僅感情吵淡了，也可能怒目相視，翻臉成仇，因此吵過架要想辦法彌補，避免下一次的爭吵。孩子的父親半年前過世，全家人都陷於失落與哀傷的情緒中，每一個人都有自己的方式在掙扎或克服，並調整自己的心情及生活方式。此時不宜責怪孩子任何

事，而是以邀請孩子以正向思考懷念父親及共度哀傷，凝聚家庭向心力。

　　不妨找個藉口單獨邀約大女兒吃一頓豐富的早餐或喝下午茶。閒聊之間帶出兩個主題，一為媽媽需要女兒幫忙帶動全家來經營沒有爸爸的單親家庭，大家的日子一樣要過得好；另一主題則對自己鍾愛的聰慧女兒表達失望，因為她做了媽媽不想要她做的事情。你溫和且誠懇的邀請女兒發表對這兩項議題的回應，仔細聆聽了解她的想法及感覺，小心的展開討論，不加評斷，讓她覺得母女是一國的，而母親也願意了解她。

　　女兒感受到尊重，她的叛逆及防衛就會減低，你再乘機要她以後大小事都可以好好與媽媽商量，穿耳洞並不是壞事，是少數人的潮流，但女兒也可以參考大人們的審美觀，彼此交流，如此一來，母女間的溝通管道打開，家裡就不會有戰爭，女兒也就不再想逃避母親，家裡的氣氛也自在多了。

IQ+EQ 一點靈

　　貪玩、晚回家及穿耳洞都是時下青少年（女）常出現的行為，父母很難禁止，打罵也無濟於事，因為它已經發生，如何顧及人身安全及防範比穿耳洞更「時髦」的行為，就得考驗父母的IQ與EQ了。

　　父母不必強顏歡笑相迎，但不可怒容滿面，先說出自己的擔心或失望，請孩子們想想，歡樂及滿足過後事情也有負面可能，不怕一萬，只怕萬一，邀請子女約法三章，維持親子關係。

前夫干涉孩子教養

心情三重奏

　　離婚八年，辛苦將小明帶大，每年寒暑假他都去台北與前夫全家相處兩、三周。今夏臨行前他表示要去穿耳洞，我反對，他也就沒再說什麼，三天後他父親打電話來要我答應，他說這是年輕人的時尚，他從前也一度夢想穿耳洞。

　　我擔心小明回來時已穿了耳洞，我們母子一向感情佳，前夫對於撫養費及教育費吝於付出，對穿耳洞卻如此熱心，是否很不成熟？請問我將如何面對木已成舟的事實？

脫困妙招

　　你與前夫的關係似乎不怎麼樣，但是你顧及小孩需要與父親家族互動，每年都讓他去相聚，對孩子的成長及歸屬是有助益的。那個不在身邊的父親應該感激你辛苦教養孩子，盡量配合你的教育方針才對，而不是僅因為自己未能穿耳洞就希望小明替他圓夢，是有點不成熟。適當的教育方式應該是先與你討

論為何小明不該穿耳洞，雙方取得共識，再一起當面及在電話上向小明說明父母一致的態度。

小明曾問過你的意見，你不贊成，他很可能在父親的鼓勵下穿著耳洞回來，他必須學習為自己的選擇負責，而你也要很小心，不要針對此事生氣，先問問你自己，是氣前夫影響小孩，還是新愁舊恨湧上來，亦或是不滿小明違抗你意旨？自己都弄不清楚而責罵小明，很容易傷害小孩心靈。

倘若小明真的穿了耳洞，你只要說：「好了，媽說過不要穿耳洞，你還是做了，真是令我驚訝也感到失望。」別忘了提醒小明要注意校規，不能戴耳環時就不要戴去，以後就不要再提這件事了，小明心裡會有數，以後要聽媽媽的話。如果你一再責罵，連他爸爸也罵進去，則他會開始對你起反感的，那將是雙輸的局面。

IQ+EQ 一點靈

　　青少年本來就很難管教，再加上前夫的攪和，媽媽反對穿耳洞似乎無效。案例中的前夫態度似乎比較開放，因為自己年少時想穿耳洞被父母阻擋，成年後也一直認為穿耳洞又不是大不了的事，既然兒子說出心事，他就鼓勵去穿洞。前妻對於此舉則認為前夫在唱反調，破壞母子關係，心裡當然又急又氣。

　　前夫的確沒有做對一件事──未與前妻商量讓兒子穿耳洞的事，父母即使離婚，為了孩子的幸福，一起來教育孩子是共同責任。不論是穿或不穿耳洞，前夫前妻商量溝通後有了結論，一方要支持另一方，孩子才不會有撕裂感或投機取巧鑽漏洞。

培養孫子習慣說謝謝

心情三重奏

　　由於媳婦周末要加班，小五的長孫及兩個妹妹由老爸帶著來看爺爺奶奶，我們送孫子禮物，陪他們玩遊戲，包餃子、吃蛋糕，讓他們盡興。要回家時，長孫不肯坐後座，經父親斥責後仍堅持要坐前面，臉臭臭的也沒說再見。這三個孫子收了我們那麼多禮物都沒有向我們說聲謝謝。

　　這已經不是第一次了，真不知他們媽媽怎麼教的，請問我該如何開口提這件事？

脫困妙招

　　孩子的媽媽沒有一同來探望爺爺奶奶，爸爸一個人搞不定三個小孩，尤其長孫已進入青春期，漸有自己的主張，此時父母一致的教育態度是很重要的。身為長輩，你已看出隱憂，媽媽未出席時，爸爸更應擔起父母二人的教育角色，他可以趁此機會告訴孩子奶奶很辛苦，包餃子及烤蛋糕，都是為了孫子，就好像媽媽平日煮飯做家務，也都為了讓全家人開心。自小就要讓孩子們知道溫飽幸福得來不易，不可視為理所當然，尤其是爺爺奶奶所花的心思體力以及包含的愛心。

　　不妨溫和的向兒子媳婦表達對孫子女來訪的歡欣與期待，美食及禮物絕對少不了，如果他們能夠學習表達謝意就更完美了。接受禮物或到別人家作客，臨走前說聲謝謝是起碼的禮貌。從小養成孩子有感恩的心情及回家後打電話致謝，或寫謝卡的習慣，對於他日後在外的人際關係是極有幫助的。

　　祖父母當然也可以直接教育孫子，在家中一對一的互動時，或有時帶孫子出去散步，或購物時聊天，例如「爺爺奶奶送的禮物喜歡吧？我們不太確定你們是否喜歡，因為你們從來沒有說過謝謝，當你收到禮物時，一定

要跟人家說謝謝，下次要這麼做哦！」用引導的方式好好地說，孩子的行動也許沒有那麼快，但至少把話聽進去了。

IQ+EQ 一點靈

　　既然都是一家人，爺爺奶奶教育孫子是責無旁貸，只是兒輩夫妻擔心老輩的觀點不同，教育方法亦有差，因此兩代父母針對現代孩子的教育方法溝通及討論，並不一定老方法就不好，長輩願意接受新觀念，也能分享成功教育經驗，年輕一輩為了孩子幸福也願與長輩分享，同長輩學習，則全家樂融融，孫子也有福了。

　　孩子的基本教育——誠實、明辨是非，以及看到人要招呼等，不僅是父母、祖父母要教導，家中其他成員亦可隨時給予機會教育，父母千萬不能抱持狹隘觀念，「我的小孩我自己教，不用你來管閒事！」

寓性教育於家庭生活中

心情三重奏

上星期去打掃國二兒子的房間，在他枕頭底下看到兩本色情書刊，我才想起他和兩個要好的同學，經常在客廳的電腦上網，從沒有注意他們瀏覽什麼，但是現在我懷疑他們是否在下載色情圖片。

丈夫與我對於孩子上網或看電視都很放任，我們認為鎖東鎖西的會讓他覺得父母不信任孩子。這是青少年青春期的行為，應屬正常，但我們擔心他會沉迷並無法自拔，跟他明說又怕會損傷親子關係，請問怎麼做才是最恰當？

脫困妙招

青少年對性好奇，有興趣是正常心態與行為，但閱讀色情圖片或沉迷其中則屬不正常行為。孩子們開始學習有關這世界的每一件事，包括男女關係、控制、尊重、坦誠及順從等，都是來自於家庭的教導與影響，而令人驚訝的是，你們不與孩子

討論這些重要議題，卻任陌生人的色情商業行為侵入家庭，教導孩子不正確的性愛感情觀。

美其名為「放任」，其實是「助長」。表面上你們對待孩子的態度是正向，寧可信其性本善，卻忽略了父母有教育的責任。現在看到兩本色情書刊，你們不能視而不見了，必須冒著損傷親子關係的風險與孩子面對面談一些將會影響他一生的議題了，任何感情關係，包括親子關係在內，都不可能一直是一帆風順的，小浪或驚濤是免不了的，因此父母也需要學習如何與孩子溝通，傳遞正確觀念與態度。

孩子還小，判斷力不足，需要父母來引導，給予正確的性教育及人生的方向，不妨與孩子分享你們年輕時性的禁忌以及對性的壓抑，坦言不想看到他們道聽塗說且胡亂摸索，希望他在有限度的範圍內，如在課堂課後及家中探索及討論性知識，懂得越多且坦然看待，則越能保護自己。父母要以身作則給予機會教育，寓性教育於生活中。

IQ+EQ 一點靈

　　父母可以經常一起或各自與孩子分享自己青少年期時對性的好奇，以及曾經做過的一些傻事、糗事，讓孩子知道原來父母也曾經年輕過，也有同樣的性興趣及困惑，然後隨時開放「問題時間」，鼓勵孩子提任何與身體、心理、兩性及性有關的疑惑或問題，父母以中性不煽情的答案藉機灌輸孩子正確的性愛、感情、婚姻觀。

　　例如：「爸爸國二時，曾在上課時偷看色情雜誌被老師抓到，雜誌當場沒收，下課後罰掃教室，回家還被老爸打，但是以後還是偷偷看，只是我會適可而止。小子，你比我幸福多了，我不會打我兒子，還會跟他討論呢！」

朋友禮尚往來且互惠

心情三重奏

　　小杰是我十四歲兒子的好友，雖就讀不同國中，過去三年來曾來我家住宿二十幾次，但兒子只去過他家住一晚。每次兩個孩子出門晚歸，或小杰與我們全家出遊，都是我們送他回家，大部分時候也是我們去接他。有一次他父親晚上七點送小杰來我家，小杰居然還沒吃晚飯。

　　我當然不介意小杰來我們家，但這種一面倒的局面漸令我不悅，很想告訴兒子，若小杰家庭不懂得釋放同等的善意與邀請，以後就不要讓小杰常來家裡玩，但又怕兒子不懂，會難過，也不想傷小杰的心，該如何是好？

脫困妙招

　　聽起來兒子與小杰是很親的朋友，但你似乎與小杰父母沒有很多的互動，並不了解他的家庭背景，也不清楚他在家的生活情形，他父母是因為太忙沒有時間多陪他，還是他們本來就

是疏忽管教，或者本身婚姻不睦的父母，當然也有可能他們在利用你家的善意來減輕自己教育小孩的負擔。兩家小孩既然成為好朋友，雙方家長是應該多多交流，互通有無。

光是抱怨小杰父母是無濟於事的，你的感覺既然這麼不好，你不妨主動出擊，趁送小杰回家時，帶個小禮物，藉口進入他家與他爸媽聊聊，順便觀察他們家的情形。另外也可讓兒子很自然的在聊天中，問出小杰的生活情形及親子互動。顯而易見，小杰之所以常待在你們家，必然是在家寂寞需要陪伴及溫暖，而你家及家人正好彌補了他的需求。

這是給兒子機會教育的時機，讓他知道朋友其實是互惠的，人際關係是相互付出的，教導他與小杰平衡互動外，還可鼓勵他多交些可以維持均等關係的朋友。兒子也可以主動要求小杰搭捷運回家，或請父母接送，讓小孩之間去協調，或許可以自孩子口中發現小杰的困難的地方，進而幫助他。

IQ+EQ 一點靈

　　每一個家庭有自己的生活方式與規矩，小杰的家庭可能很少有親友或客人來住宿。小杰的要好同學家，父母為人熱心且重視孩子教育，他們覺得可以信任，既然兒子要求外宿，他們也樂得答應，因為他們知道孩子可以得到良好的照顧。

　　既然要留宿別人家的孩子，就得要求他與自己家的孩子一起恪守家庭規矩，例如睡前道晚安，洗臉、刷牙透徹，維持浴廁清潔及準時就寢，按時起床，認真做功課等，透過教育養成好習慣，也讓小客人學習尊重主人家。

乘機教育外甥女

心情三重奏

父母曾留學美國且做了幾年事才回台灣，自小我們就被教導收到別人的禮物一定要寫謝卡致謝。我也是這樣教導小孩的，因此兩個孩子都養成此種好習慣，也備受親友稱讚。

然而我弟妹卻不是這樣教她小四的女兒。去年及今年我已將包給外甥女的壓歲錢減半。一個月後，弟妹終於忍不住來質問我，為何紅包錢數減少。我解釋說我送禮物從未有感謝回應，很傷感情。她板起臉說，「你自己不舒服，幹麼懲罰小孩？」請問我真的做錯了嗎？

脫困妙招

小孩未被父母教導而未寫謝卡，不知者不為罪，她的紅包錢減少，心裡必定不好過，難怪她母親來向你興師問罪。問題在於你的確是在處罰小外甥女，卻向她母親解釋原委。而你弟妹未催促她女兒前來問姑姑，反倒是自己來找你，此舉顯示出

她真的不會教小孩，不了解行動與結果之間的聯結應由當事人去體會。

　　你弟妹自幼並未被她父母教導寫謝卡的禮節，她也是不知者不罪；反而是你弟弟，似乎未以父親角色教導他女兒這項美德，在你今年包壓歲錢給外甥女時，為何不先去問問你弟弟他有沒教導過，身為父母應該一起來教導小孩，不能丟給太太一個人去教。這樣一來，外甥女就不會被「懲罰」了。

　　身為姑姑，你其實可以乘機教育外甥女，不妨向她解釋你為何減少紅包金額，因為你所疼愛的外甥女只收紅包不寫謝卡，只不過簡單幾個字，會令送禮者感到窩心且被重視。現代人不作興寫信、寫卡片，則至少可以打電話或學習發電子郵件表達謝意。外甥女如果能試著這麼做，不僅姑姑高興，其他送禮人也會驚訝這個小女孩如此懂事討人喜歡。讓外甥女了解行動與結果之間的聯繫乃是最有價值的禮物。

IQ+EQ 一點靈

　　華人被邀宴或獲贈禮物時，通常都口頭致謝，回家後打電話道謝或下次見面時再口頭表達謝意，甚至禮尚往來回贈禮物。西方禮節則是口頭致謝外，次日必定打電話致謝，彩紙黑字的謝卡則是很正式的道謝，通常在收到大禮後，寄上精美的謝函，展現致謝的誠心。

　　俗語說「禮多人不怪」，中國文化講究禮節。父母若缺乏這方面的教育及經驗，可以向長輩請教禮數或打電話請教孩子的老師，以及學校的輔導老師，父母自己肯學習則為孩子的好榜樣。

孩子沉迷網路遊戲

心情三重奏

　　孩子國一，本性老實善良，小學五、六年級時，結交到壞朋友，會說謊、偷竊、抽菸、蹺課，壞朋友更灌輸他一些錯誤觀念，例如讀書沒有用，有誰喜歡讀書，喜歡讀書的人是笨蛋等等。任憑我一再好言相勸、苦口婆心、導正他錯誤的觀念，稍微改變一點，馬上又故態復萌。他還是常跟一些壞朋友在一起，沒辦法阻止，約定的時間也不回家，氣的我甚至拿竹子打他，也被他搶下，他現在已比我高大，無法約束。

　　目前沉迷網路遊戲，回家不寫功課、不讀書、更不補習，看他還這麼小就自暴自棄，停止學習，做媽媽的非常擔心也很心痛，該怎麼辦？

脫困妙招

　　不愛念書並不表示品行不良，學會抽菸、說謊及偷竊則是行為問題，不容忽視。你用竹棍打他，只會激起他的反抗與怒氣，倒不如心平氣和的與他談話，告知他不良行為的嚴重性及可能後果。

　　雖說這孩子叛逆得早，但先前的家庭教育及親子關係可能不是很緊實，對家庭向心力不夠強，他才會向外發展，覺得與同儕有話講，相處有樂趣。他才國一，可塑性高，除了拜託學校輔導老師多方注意與加強輔導外，父母千萬要沉住氣，不要隨時被激怒，對他的人格不做評價，以尊重孩子為家庭一成員的態度，請他一起開家庭會議，成員彼此說出期待，也請他說出對自己及家人的期待，讓他學習對自己的行為負起責任。

　　母親對孩子不可放棄希望，不讀書只沉迷網路遊戲固然令人心痛，但父母若能以了解的態度及網路遊戲的語言去親近他、關心他，不是上對下的權威，而是平等的關心，他的抗拒會減少，至少可以打開親子之間的管道，讓他一點一點感受到父母的愛，也就是說要採用與以往完全不同的教育方式。

IQ+EQ 一點靈

　　聽起來好像只有母親在管教，也沒人可商量，顯然夫妻關係及親子關係早就有問題，因為孩子當時並無不正當行為而未加以注意，在開始叛逆時，母親可能嘮叨幾句，孩子將它當耳邊風，才會造成今日的停止學習、遊手好閒。此時打罵已屬無效管教方式。

　　國一其實還很小，儘管已受汙染，還有善良的一面。除了母親外，其他的親人，如父親、姑姑、阿姨等，或他信賴的師長及輔導老師，甚至找大學生家教來關心他，與他交談，從聊天中灌輸正確觀建立人際關係。孩子已變壞，母親一人管不動時就需動用社會資源來拯救他。

班導採連坐法

心情三重奏

　　我的小孩目前在念高年級，級任老師很喜歡用連坐法，來處罰全班同學。對全班和不守規矩的小孩皆不好，會造成同學討厭這孩子而被孤立。孩子回家會述說這種情形，我不僅擔心自己小孩，也關心班上其他同學，不知該如何就此話題與老師討論？

　　這班小孩也夠可憐。功課的多或少，和老師的心情有關係。心情差的時候，作業就有可能是平常（周一至周四）的兩倍，甚至更多。請問做家長的要如何和老師說明？

脫困妙招

　　老師以連坐法來處罰高年級的同學，旨在引起全班警覺，警惕每一個人要對自己的行為負責，用意本善，但這已是不適用的傳統處罰；在注重個人心理及人際關係的現代社會，老師理應把違規犯錯的學童請到辦公室，私下與他說話，感召他悔

悟，並給予適當的處罰，如增加功課量，打掃教室或下課留在教室自習半小時。老師當然溫和陪同並告知家長。

　　家長若當面質問老師，雙方都很尷尬，也會造成孩子的焦慮，也許父母可以去學校輔導室了解一下，學校老師通常都是如何處罰不守規矩的孩子，看看老師之間是否有差異，然後再和擔任你孩子班級的輔導老師深談，告知他家長對連坐處罰的擔心，是否由輔導室出面與那位級任導師溝通協商，至少要讓他知道家長的反應。

　　至於作業的分量與老師的心情有關，這到底是事實還是一面之詞，就得需要家長更深入的了解，也許有時老師覺得小朋友太散漫或不聽話，決定給他們稍多一些作業，以安定其心與專注力，是依孩子們的表現，但看在孩子眼中就是老師的心情好壞了，老師如果真的視情緒而制定作業分量，表示這位老師情緒管理不佳，有待改進，家長亦可向輔導室反應此現象。

IQ+EQ 一點靈

　　小學共有六年，是小孩求學階段成長最快、變化最多的六年，父母對學校的了解，對校內活動的參與，都可以拉近家長與老師的距離，尤其是級任老師，雖然說在學校的時間孩子由老師教育，在家的時間歸父母管教，但孩子的生活應是連貫性、整合性，而非切割成幾塊的，因此家長與老師們的關係是需要用心及時間來經營的。

　　孩子已是高年級，越來越有自己的看法，若能鼓勵他試著與老師溝通，學著表達想法，試著給予建議，即使老師不採納，老師也聽到了學生的聲音，孩子也學到與權威溝通。

前夫自私孩子不體貼

心情三重奏

十年前丈夫在大陸包二奶與我離婚，我以公務員微薄的薪水將三個孩子撫養長大，一個在上班，兩個讀大學，親子關係良好。前夫在兩年前生意大發，曾寄過台幣一百萬給我們母子，我們拿來整修公寓。

老大告訴我，父親邀他們三人去香港與他們共度農曆春節，然後去深圳玩三天，孩子們非常開心，我卻如雷轟頂。前夫沒有跟我商量，還剝奪我和孩子一起過年的歡樂，二十幾年來我們都共度春節，今年剩我一人還不如不要過算了，丈夫自私，孩子不體貼，好傷心啊！

脫困妙招

華人重視過年，全家團聚，有圓滿之意，但人生不如意十之八九，且現代人事情多而忙，若一定要在過年過節趕回家相聚，又擠又累根本沒時間真正休閒與休息。孩子在你身邊過年

對你來說意義重大，和樂的單親家庭並不輸於平淡的雙親家庭，一想到孩子們要到異地去與父親過年，你突然覺得孤單無依，有被拋棄的感覺，其實孩子過完年就回到你身邊，而前夫已經十年末和孩子過年，你就體諒人年紀大想念孩子的親情，也讓孩子們出去玩一玩，他們都會很感謝你的。

你除夕夜可以回娘家過，或與幾位單身的朋友各自帶菜來聚會，而初一至十五中的任何一天都還算是新年，等孩子回來後，全家再一起補過新年吃家庭團圓飯，聽聽他們每一個人旅途觀感及對父親的新看法。話題變多變廣，你也可以提議明年過年，母子四人一起去日本或韓國旅遊度假。現代社會在變，過年過節的慶祝方式也成多元化，不一定非在家裡過的。

前夫未與你商量，實在不夠尊重你，跟孩子的母親說一聲是天經地義的事，也是禮儀。他可能擔心你不允許他們去，關於這點你可以向孩子表達，也請他們轉告前夫，不是反對他們父子相聚，而是希望被尊重。

IQ+EQ 一點靈

　　離婚後，前夫前妻的關係通常不是很好，婚姻中的恩怨，離婚前的翻臉以及離婚後一直存在的積怨，一旦有刺激事件，必定會勾起不快，負面情緒一湧而出，尤其是在過年時節，單親母親的心情可想而知。

　　「每逢佳節倍思親」，前夫離婚後必定很思念孩子，父子之情是天性，雖然會有失落感，但大方的讓孩子們去與父親過農曆春節，孩子會感激母親的善解人意，前夫也會自孩子們的言行中感受到前妻所釋放出來的善意。離婚夫妻關係是會影響到小孩心理的，然而關係是否良好還得前夫前妻各自有意願，共同朝此目標努力。為了孩子的幸福，當然要試試看。

父母離婚女兒哭過一次

心情三重奏

丈夫有外遇，我們離婚已半年，女兒在父親搬出去的那晚哭過一次，此後她一切正常，每天放學還是叫「媽，我回來了，我好餓」，我們一起吃便當，然後她做功課，我做家事，看不出這個國一女生與以前有任何差異。

我私下請教過女兒的導師，她覺得女兒最近在班上變得比較多話，我有點擔心她心中的想法。請問，何時才是與女兒談離婚後單親家庭調適的話題呢？

脫困妙招

要媽媽直接開口說，「女兒啊！爸媽離婚後的單親家庭生活如何？」的確是很困難，就連媽媽自己也很難回答這個問

題，畢竟每天都很辛苦的在適應新的生活。因此，每天的時間皆是探詢女兒心理狀態的最佳時機，因為就是你們倆一起經歷這種嶄新的清靜家庭生活，你問的她能懂，她回答的你也能了解。

就因為你們每天的家庭生活相當公式化，不妨每周末找時間帶女兒出去「約會」，例如：周五晚在外用餐，周六下午去看電影或逛博物館，或者星期日早上去飯店吃早餐。在外面，可以錯開家裡的氣氛，與女兒談話的主題可伸延到許多事情，先從學校生活談起，然後問她有沒有想念爸爸。也許她想討好你或者不想破壞美好的氣氛，她會輕描淡寫地說沒事，或者微笑說還好，聽起來正向，但要留意聆聽女兒語氣及笑容後面的真正情緒。

千萬不要批評已經在她身邊缺席的父親，但是可以誠實的與女兒分享你的感覺，如「媽媽也覺得有點空蕩，太清靜，不習慣」，「有時候晚上也睡不著，會想起過去」等，然後再接著問，「你有沒覺得家裡變得好安靜？你覺得怎麼樣？」你話語中，中間偏負面但又不太負面的情緒字眼，可以引發女兒內心情緒逐步表達。同時問問女兒要不要一起來飼養寵物，如小貓、小狗或小鳥等，既可培養女兒情緒表達，又可增進親子關係，亦可加強她照顧弱小的能力。

IQ+EQ 一點靈

親子關係的緊密來自兩代間的真情流露，包括生活中各方面的種種感覺。案例中，母親感覺到女兒在某一方面的情緒不見了，可能是失落感、憤怒不平感及一些徬徨感。母親自己也有一些負面情緒，但為了要讓女兒覺得可以依靠，總是顯出堅強面，其實母女是同在一條船上，母親能顯出自己的弱點，則女兒可以感受到原來不是光自己這樣，連媽媽都有這些感覺，然後母親再與她商討如何在生活中找樂趣，共度美好人生。

父親婚外情兒女心裡苦

心情三重奏

　　丈夫有外遇已近一年，每周有兩天外宿，我們大吵兩次，我就不敢再鬧，怕家庭氣氛不好，只要我不提，他就裝著沒事，但我心裡實在氣不過，尤其在他沒回家睡的夜晚。

　　兒子高一，女兒國一，都知道父親有婚外情，我有時會向他們訴苦，兒子會回應爸爸的行為不對，女兒則低頭不語，總是藉故離開，真不知她是何種心態，請問我該如何與他們談此事？

脫困妙招

夫妻間有衝突，孩子通常是看在眼裡疼在心裡，不肯表達情緒的孩子比較會令人擔心。孩子害怕父母分開，也怕被遷怒，通常是噤若寒蟬，不會主動干預或提出意見的，然而心中念頭一定是希望父母和好，而念頭之後則擁有複雜的負面情緒，你如果擔心他們心理受影響，就要找機會有技巧地讓他們抒發情緒，以輔導的方式與他們溝通，談論目前家中問題，畢竟大家同在一條船上。

你向兒子訴苦，他不得不回應，說爸爸行為不對，是事實，但他不可能在你面前說爸爸壞話，他真的不想得罪父或母任一方，你越罵丈夫，孩子心裡越苦。女兒因為很愛爸爸，她也擔心失去爸爸，所以要否認事實，因不想談論此話題而避開你。你自己雖然痛苦，但請勿再施加壓力在孩子身上，他們比你還無助。

你的婚姻問題最好向婚姻諮商師傾訴，尋求化解禁忌，揭開夫妻感情之道。自己要做心理建設，在孩子面前只談外遇事實，不做人身攻擊，可以讓孩子知道你難過，但不可強求結盟或同仇敵愾。告訴孩子先把分內的事情做好，別讓父母操心，爸媽會盡快並正向地處理婚姻問題，並保證父母親在任何狀況

下都一樣的愛孩子，也邀請孩子說說他們的心聲，只給安撫，不許責罵。

IQ+EQ 一點靈

爸爸的外遇行為徹底傷了媽媽的心，也引發憤怒，媽媽當然覺得自己是受害者，又沒做錯什麼事，整天辛勞在家作牛作馬，為何得到此種待遇？因此理直氣壯地指責丈夫，經常在孩子面前宣洩怒氣，訴說丈夫的不是，而丈夫則避之惟恐不及，夫妻都陷溺於自己的負面情緒中，已無餘力去照顧孩子的心情，已經對孩子心靈造成很大的傷害。

有外遇的爸爸及受傷的媽媽在自己混亂之餘，必須要強打精神振作起來關心孩子，若外遇已公開，事實遮掩不了，就以中性字眼來描述或談論，當然也可以表達自己的心情，才能藉此探詢孩子的想法，引發其情緒，並且好好溝通。

同窗也有親疏之分

心情三重奏

兒子今年讀國二，終於交了幾個朋友，展開人際社交，回家都會聊友誼互動。然而同學中小明似乎對他很有興趣，一副他好朋友的姿態，又好像跟在身邊的小弟，話很多，兒子不感興趣也不耐煩，常推說有事要忙，請他離開，而小明似乎未察覺到自己有多煩人。

兒子不想做得太絕令小明難堪，但也不想深交這個朋友，也擔心那幾個要好同學會圍剿他，如果他自己不能將小明趕走的話，不知做母親能給他何種幫助？

脫困妙招

你的兒子心地善良，懂得考慮他人的感受，且做事不衝動，不會情緒化，是邁向成熟的徵兆，父母應該稱讚他。他已經國二了，能跟父母聊學校人際關係，顯見親子互動緊密，只是當孩子在聊天中帶出議題時，父母不一定要立刻給予答案，

不妨先聽聽他的想法，再說出大人的意見，共同討論，然後再聽他的心得或結論，如此可以先促進其思考，再引發他發展因應策略。

父母可以先給予同理，說道：「你要順從自己的心意，又得顧慮小明的感受，的確很為難。」然後再給他提示，「聽起來小明並不了解人與人之間的界限。你能想出一些方法讓他知道朋友有很多種，而同學之誼的界限是在那裡嗎？不妨向他解釋二分法的謬誤，孩子們常有非友即敵的觀念，既然大家都是同學，本來就有同窗之誼，而朋友也有親疏程度的差別。」

你兒子如果口氣溫和態度堅定，小明會發現死纏窮黏只會自討沒趣，無法奏效，他就不會想和你兒子做朋友，但當他感覺到同學之誼仍在時，他會感到欣慰的，身為父母也可以勸慰孩子要看人家的長處，即使他不喜歡小明，他也該告訴好友們，小明也有優點，並非一無是處，只是目前兩人好像沒有交集，不需要排擠他。

IQ+EQ 一點靈

　　青少年對於人及情緒經常是二分法，「好人」或「壞人」，「高興」或「不高興」，很容易判斷錯誤。小明就是缺乏人際技巧，當然與他的家庭背景有關係，青春期的孩子需要同儕，認同與支持，案例中小明他看到你兒子個性好，不會拒人於千里之外，才會一直環繞於身邊。

　　好在你兒子並未落入二分法的陷阱，忠於自己的感覺，又肯與父母討論，而父母亦肯向外請教，親子之間的互動即為彼此關心互相教育，對兒子本身及對小明均是人際關係教育，促進個人成長。

兒子與霸道女友論婚嫁

心情三重奏

　　兒子不爭氣，愛上脾氣不好的A女，兩年來吵吵鬧鬧，我常看見他頸子上的草莓印或臉上手上的抓痕。有時在外面吵架，她會故意將手擋在車身與車門中間，不讓我兒子開走，非要就地理論，逼他道歉；且兒子隨時隨地要向她報告行蹤。

　　兒子抱著息事寧人的心態與她交往，現在A女決定三個月後訂婚，他也沒意見，昨天他唯唯諾諾告知此事，我們表達支持他的選擇並歡迎A女進入家庭，但告訴他，男女雙方都應覺得相處自在，心甘情願才能進入婚姻，請問我們還有別的選擇嗎？

脫困妙招

感情的事是一個願打，一個願挨，兩個人一個弱勢，一個強勢，似乎已經習慣了強弱互補的關係，而A女似乎具有一些兒子所欣賞的特質，他才會在被打被罵的互動中繼續交往。他也了解A女性子急，脾氣不好，吵架時一定要就地解決，有時太生氣就會失去控制而動手。也許吵鬧的這一段時間，兩人已有自己的相處模式與應對之道，因此他在輕重權衡之下還是選擇與A女廝守。

不過話又說回來，今天如果是女兒的男友，經常吵架而動手打女兒，並且需要報備每日行蹤，即使女兒因愛他而願意下嫁他，做父母的必然無法忍受，會想盡辦法阻止這門親事。不論男女，都不能動手打人，打成習慣後，必會成為家庭施暴者，因此，做父母的還是有義務提醒兒子注意A女的精神狀態，俗話說「近朱者赤」，A女經常與好脾氣，逆來順受的兒子在一起，應該會被薰陶的較有耐性，較少情緒化，但是她的表現如果是越來越過分，則是心理有問題。

感情關係不會自己變好，不去努力，只會變糟。若你兒子只因息事寧人而被A女帶著走，無法在關係中做自己，他以後在婚姻中一定不會快樂自在的，不妨找時間與兒子談談，聽聽

他的想法，父母只是在他訂婚前提醒他，要望得遠看得深，並給予忠告，畢竟是他的人生，他得自己作決定。

IQ+EQ 一點靈

　　兒子似乎很執著於對女友的喜愛，對於她的打罵、耍脾氣，都覺得她只是任性而已，另外當然是親密關係已將他倆圈圍，沒有一方想要分手，當然也看不清未來。既然兩人這麼熱，反對也沒用，父母持正向態度接納他們，是明智的作法。

　　訂婚是個儀式也是感情的里程碑，對男女雙方而言，是對關係的承諾及未來的展望，好在訂婚不是結婚，他們可以有一段時間接受感情的考驗並計畫未來。父母只要看時機給與意見與忠告，不需太擔心。

兒子欲向父親出櫃

心情三重奏

　　兩年前兒子向我坦承是同性戀，他與「室友」所租的公寓其實是兩人合資購買的，我一星期不能成眠，後來終於想通了，只要他過得快樂就好。現在的壓力不是兒子了，而是擔心未被告知的丈夫。我鼓勵兒子親口告訴父親，但他說很在意父親的反應，他最不想做的事，就是破壞自大學以來與爸爸建立的良好父子關係。

　　我先生很保守，一向對同志不存好感，我也不敢跟他講，尤其是兒子還未準備好向他出櫃時，請問我該如何是好？

脫困妙招

　　雖然這是兒子個人的事，但媽媽現在是和兒子站在同一邊，一起瞞著父親，如果有一天你先生知道這種情形，會不會覺得被母子兩人耍了好一陣子？他的感覺又會如何？既是一家

人，夫妻及親子關係都不錯，父親被告知也是遲早的事，相信兒子也一定一直很想得到父母雙方的認同、支持與祝福。

你們母子可以依父親的個性，商量出最佳策略來出櫃，當然是由兒子親自告知。母子都要有心理準備，不要害怕去面對父親的反應。在兒子將此議題攤在桌上後，你得陪伴丈夫度過他生命中震驚痛苦、甚至憤怒的一段時間。以兒子幸福為前提勸慰他，他會調整自己的心情及想法慢慢接受的。

向家人出櫃真的不是一件容易的事，突然間要接納兒子的同性導向更不是一件容易的事，你夾在父子兩人中間可以是潤滑劑，趁此機會讓丈夫知道兒子是多麼愛父親及珍視父子親情，不論何種性導向，總是自己的好兒子。台北市有個「台灣同志熱線諮詢協會」，不妨帶先生去參加專門為同志父母開設的講座或課程，可以改變態度建立新觀念，也可以認識其他同志的父母，互相交流，彼此支持。

IQ+EQ 一點靈

　　同性導向並不是說不要就可以不要。當兒子發現自己是同性戀時，必然感到惶恐及擔心，從小到大他們孤單的懷著不可告人的祕密，只能對他們真正感到有安全感的人才敢出櫃。母親既然得到他完全的信任，本著真愛孩子的心理，當然應該協助他們去做準備向父親出櫃。

　　夫妻之間要先能談論同性戀的議題，自報章雜誌有關同性戀的文章，到電影中的同性戀情節，甚至現實生活中的同志明星偶像及所認識的人們，先讓丈夫熟悉同性戀，他才能自閉塞、誤解、轉變成為包容、接納的態度，為兒子的出櫃做好準備。

父母擔心女兒
與中年男友同居

心情三重奏

　　女兒大學剛畢業，原本是野心勃勃在找工作，工作沒找到卻與面試主管，四十二歲離婚男性A君發展感情關係，有如著了魔一般，一個月後就不顧父母反對，硬是搬去同居，我先生發誓斷絕父女關係，我則常打電話求她回來，她說Ａ君雖是大男人主義，不能忍受長輩的嘮叨，但對她很好，她願意和他在一起。

為了愛情她放棄父母與工作，已經不是原先乖順的女兒，我好替她擔心有一天會被Ａ君玩膩甩掉，怎麼辦？

脫困妙招

　　你女兒可能是平日太乖順了，對男女情事不甚了解，一旦碰到對她示好的成熟中年男子就以為是真命天子，身心均投向他，完全小女生小女人的心態，並不以大男人的控制及意欲為苦，反而覺得被保護被疼愛很幸福。那種愛情的吸引遠大於父母的說教與咆哮，而Ａ君必然早已教育她，女兒長大遲早要從原生家庭中分化出來，與心愛的男人同居是不需有罪惡感的，因此她選擇搬出去，並不是不要父母。

　　女兒的行為違背父母的期望，還增加父母的擔心與焦慮，愛女至深的你及先生必感到傷心與無奈，各有因應方式，你先生乾脆放棄，當作沒這個女兒就不會那麼生氣，而你卻不放棄，被迫接受事實卻繼續關心，如此作法是比較符合現實的。因為愛情並非生活的全部，女兒遲早會與Ａ君有歧見爭執，到時候她需要有個傾吐的管道，而永遠關心她的媽媽就是最佳傾聽人選，也就是說讓她有個退路，孩子有難，父母乃是最佳庇護所。

　　二十幾歲的女兒已是成人，她有權過自己要的生活，雖然可能是個錯誤的選擇，她得經過生活的歷練才會學到教訓，既然她宣稱目前過得還不錯，父母就不用太反對，分享她的快樂並鼓勵她出去找工作，愛情與經濟獨立是不會衝突的。

IQ+EQ 一點靈

　　女兒之所以投入中年男人的懷抱，與她的成長環境有關，是否父親平日太嚴峻，父女關係疏遠，她想要感受成熟男人的愛，父愛與情人愛兼而有之，或者她天生就喜歡那種類型的男士。兩人在一起，年齡的差距以目前狀況看來固然是不平等，對女兒而言是弊多於利，因她初入社會，是弱勢的一方，但雙方若是真能培養感情互相適應，也未嘗不能開花結果。

　　奉勸媽媽及爸爸尊重女兒的自主權，支持她走她所選擇的人生，以女兒的快樂為快樂，以後的事順其發展，父母永遠是女兒的後盾。

準媳婦壞脾氣

心情三重奏

兒子與未婚妻同居二年，預定明年結婚。每次她回馬公老家，兒子都會去國內機場接她。上星期他們本來約好她自馬公回來的第二天要去台南找她姊姊玩，只是兒子突然接到公司電話，必須代替同事於周末值班，他立刻打電話告知，沒想到未婚妻卻在電話中翻臉，還掛電話。

兒子陪我去大賣場買完東西後，我們就直驅機場接她，苦等一小時沒接到人，手機也沒回應，原來她怒氣沖天自己叫車回家了，請問這樣的女人能娶嗎？

脫困妙招

你對未來兒媳的行為感到不可理喻，非常生氣，很替兒子抱不平。她的脾氣大概不佳，原本計畫好好地去台南玩，與姊姊都聯絡好一切事宜，突然間說不去了，期待落空，她一時無法接受，想到還要去向姊姊說明及致歉，一股怒氣沖上頭，除

了對未婚夫發脾氣外，乾脆關機不理人，自己生悶氣。這樣的作法的確很不明智，她也沒想到準婆婆也一起跟去機場接人，母子倆的心情也不好過。

　　來信未說明兒子如何處理善後，但兒子與她相處已久，必然欣賞她的優點，了解她的脾氣，他大概知道等她生完悶氣自己想通時，就能接受現實，他再說好話也不遲，也許這就是他們之間互動的模式，你也不必替他太擔心，他已是成人，必須要自己處理。倒是在母親面前發生，又令你苦等，他內心尷尬但又不想多說，你該做的不是咒罵兒媳，而是安撫兒子的窘迫。

　　做母親的總是心疼兒子，一旦小倆口子有了衝突，母親總想與兒子站同一陣線，其實媳婦娶進門是希望能當半個女兒，而父母對子女通常是無私的愛，如果你以這種心態來對待她，體諒她出遊計畫泡湯的心情，你就不會那麼生氣，甚至還想安撫她。何況這件事也不是誰的錯，且小倆口子未曾碰過這種情形，也是考驗他們感情的機會，你就別再擔心了。

IQ+EQ 一點靈

　　年輕男女交往，難免有誤會及爭執，脾氣較差的一方容易發作，另一方若能溫和以對就吵不起來了。兒子的個性應是比較穩重，且他已熟悉未婚妻的脾氣，自有應對之道，何況臨時值班又不是他的過錯，他也知道她情緒過後就會恢復理智，因此兒子不急，急壞了母親。

　　雖說從小事可以看出一個人的個性，但是鬧情緒是每一個人常有的事，並不表示未婚妻不愛兒子。兒女的事讓他們自己處理，要不要結婚也是他們自己決定。

爸爸擔心女兒反對婚事

心情三重奏

　　當年早婚生下一女一子，三年後離婚，孩子由我父母撫養長大，如今他們已成人，與我及前妻均保持成人親子關係，周末假日會來探望我。兒子與我女友相處融洽，女兒卻對她甚為冷淡，從未叫過她阿姨，阿姨覺得很委屈。

　　與女友同居七年，打算明年結婚，但一想到我女兒的態度，我就覺得不舒服，好像有點困難開口跟她提我們的婚事，可是我又很希望得到她的祝福，請問怎麼辦？

脫困妙招

　　太早結婚的不利之處，當然是有可能導致離婚，而好處則是當你還年輕時孩子就已長大成人了。看起來你與前妻的關係並不怎麼樣，所以你心中有愧，無法給孩子完整的家庭愛，才想盡量彌補小孩。將周末留給他們，以享天倫之樂，而孩子們也有孺慕之情，雙方都肯花心力時間經營成人親子關係。

　　女兒必然很喜歡爸爸，你也很疼她，才會擔心阿姨的存在，以及明年的結婚打算會對她造成負面影響，你自己感覺也不舒服，對阿姨而言更是有如芒刺在背。然而你越害怕女兒不悅，你就越不敢表達你的擔心，反而盡量順從她。她就會一直以為自己的觀點及作法是理所當然的，此時坦誠溝通才是要務，不妨找機會就阿姨的議題與女兒懇談。

　　例如，「我知道你心向著媽媽，有點為她不平，但爸媽不合是事實，我們已各有生活，但我永遠尊重她是孩子的媽。阿姨與爸合得來，她對我及你們都很好，你不必去喜歡她，爸只希望你視她為真心照顧我的家人，試著與她做朋友，好嗎？她是永遠無法取代媽媽在你心目中的地位的。孩子，爸爸愛你！」你表達越多，情感流露，才能字字打進女兒的心坎中，她會被你的真誠坦言所感動的，等她態度改變後再提婚事也不遲。

IQ+EQ 一點靈

父母離婚對子女而言就已是一輩子的缺欠與心痛，眼看著父（母）跟另一個女（男）人卿卿我我，出雙入對，雖然明知父母不會復合了，心中卻有一股抗拒，難以接受，這是因為他們從自己的立場來看父（母）與異性的感情關係，而非自一個男（女）人的需求來看親密關係。

離婚父親平日與女兒相聚、親子交流時，就得多聊些自己的感情世界，讓女兒多了解爸爸是寂寞的，年紀大了需要有伴侶，而不是等到要結婚時才與女兒溝通。當然爸爸也可以表示祝福她母親，希望她也能找到合意的老伴。

二十年的家庭祕密

心情三重奏

當年離婚是因為前夫跟女職員有了小孩，當年一歲半的女兒如今已十八歲，並不知道自己有一個同父異母的妹妹。前夫堅持要保守此祕密，因他怕我破壞他在女兒心中的形象，不准我說。

日前看了一部電影，片中女主角偶然發現她有一個已成年的同父異母弟弟，她突然覺得不認識自己的父母了，最親愛的人居然能瞞住此祕密二十年。她對父母的不信任感令我重新思考我與女兒的關係。我與前夫早就沒有來往，而女兒是最親密的人，我該告訴她嗎？

脫困妙招

你很愛相依為命的女兒，也很在意親子關係的緊密，但那是你和女兒之間的關係，而女兒的另外兩個關係對女兒而言，與母女關係可能是同樣重要。一為與同父異母妹妹之情，女兒

十八歲已成人，她可以自己決定要不要和妹妹來往；另一為父女關係，目前她顯然與父親並不親。但當她更年長或自己當了母親時，可能會想重拾父女情，倘若你把保守祕密的責任都推在前夫身上，有可能會傷害父女情。

因此，不妨聯絡前夫，該是他向女兒坦承祕密的時候了，女兒已經長大，在女兒對他產生誤解或不佳印象之前，他可以先有機會告訴她此一事實。同時警告他，他若不說就由你來說，因女兒有權知道這件事，保持祕密容易，但要讓女兒接受此事實可就麻煩了，你最好先去找諮商心理師，與他演練一番，提升勇氣與說話技巧，學習如何在談話中接住女兒的情緒並加以安撫。

女兒獲知真相的反應可想而知，她也許寧可你們不要告訴她，甚至責怪你，則此時可以告知你與前夫的協定，並且承認不應該隱瞞此事多年，但現在說總比不說或以後說好，女兒已是大人，也該學習接受人生中一些不美好的事情了。

IQ+EQ 一點靈

　　不知當年是如何向女兒解釋離婚，離婚是個事件，可以平鋪直敘地述說，也可以情緒化的喧嚷，如今事隔多年，母女均已接受單親家庭的事實，前夫也有他自己的生活，他又添了幾個孩子也說不定，母女都得有心理準備接受一些原來不知道的事實。

　　父親是因與別的女人有小孩，母親才與他離婚，這是事實，他得為自己做的事情承擔起責任，不能為了保有自己形象而對女兒有所隱瞞，或者阻礙女兒去見同父異母的弟妹，他得學習有技巧地與女兒懇談，先建立父女親子關係，再談論彼此的生活，真相就會在父女互動之中揭露了。

生母養母一樣親

心情三重奏

我已離婚三個多月了，我現在自己帶著兩個約兩歲半的雙胞胎，我遵守協定，讓他們每隔一個星期去他媽媽那兒住兩天，他們親生媽媽也樂得當周末母親。

我現有一個困擾，就是我的同居女友和我一同照顧他們倆，我不知道是否可以讓這兩個孩子也叫她媽媽，當然女友她本人並不反對，只是不知這兩個孩子以後的反應及影響？

脫困妙招

夫妻離婚後，孩子的教養是個大問題，尤其在擁有監護權及撫養權的父親一方，何況孩子是如此年幼的雙胞胎。

你的女友肯和你一同照顧，她必然是很愛你才能愛屋及烏，而且很有愛心，喜歡小孩。兩歲半的小孩已會開始叫人，牙牙學語，所以你在煩惱他們對女友的稱呼，

畢竟她也是主要照顧者，事實上真正的問題在於你與女友感情的深度，有無結婚組織家庭的打算。

如果現在教孩子叫她媽媽，萬一她以後與你感情生變或受不了照顧孩子的辛苦而求去，她就不再是媽媽了。親生的母親及養育的母親才有資格被稱呼媽媽。因此若你和女友感情已到了論及婚嫁的地步，她也有投入婚姻為人繼母的決心與準備，而你也要應允忠貞的愛與全力支持，孩子們就可以叫她媽媽，等他們稍大些，自然就自己能區隔生母與養母的差別。

倘若你與女友未談論嫁娶，目前仍停留於同居階段，則稱呼阿姨即可，阿姨可親可疏，端視她與孩子們的互動而定，她視他們為己出，則相處久了，有如母子，他日你們若能成婚，孩子改口叫媽媽也是很容易的，即使不改口，阿姨還是最親的。她若無法與你同心養育孩子，則以後在他們眼中，她只是幫忙照顧生活的阿姨罷了。

IQ+EQ 一點靈

現代社會離婚率升高，離婚夫妻再婚的情形也越來越多，同居是個中途現象，有如試婚。同居的女友願意照顧兩歲半的雙胞胎，的確是愛屋及烏，愛心耐心有夠多，也是考驗男女彼此感情的一個機會，學習及累積為人父母的經驗。

稱呼並不重要，主要照顧者與孩子們的關係才是重點，真心喜愛，辛勞照顧，孩子就會黏著她依附她，隨著時日長大，彼此互動就是母子親情，童年時打下的親情基礎是永遠無法忘懷的，倘若能讓女友覺得相愛是真心且值得的，她必也希望能有一個完整的家庭，對你、她及孩子們都好。

女兒婚宴繼母坐主桌

心情三重奏

離婚十年，各自已婚嫁，如今女兒二十五歲，兩個月後要結婚，堅持要以西式婚禮舉行。前夫的外遇祕書太太居然打電話給我女兒，說親爸要攜她走紅毯，而她們夫婦要坐主桌。我真是火冒三丈，繼父扶養我女兒十年，感情至親，當然應該由他帶新娘入禮堂。

親爸雖有付女兒的教育費及生活費，但他及繼母一向只是蜻蜓點水般地與女兒見面，哪有資格坐主桌？女兒卻覺得我反應過度？

脫困妙招

案例中充滿情緒，堆積十幾年的怨恨，因女兒要結婚兩家必須公開往來而爆發出來。請理性的看看四周，你與前夫均各自擁有幸福美滿的家庭，已是各取所需，各得其所了，為什麼還記恨從前的第三者，如今已是明媒正娶結婚十年，而你女兒

的繼母她之所以打電話給你女兒，當然是祝賀她要結婚，全家人願意共襄盛舉，親爸帶女兒走紅毯是天經地義的事，繼母的提醒及投入即表示她與丈夫均關心並慶祝女兒的盛事。

即便是西式婚禮，許多規矩禮儀也隨著時代在變，攙女兒走紅毯也不再限於親生父親，繼父或親近的父執輩均可擔當此重任，甚至繼父與親爸各攙女兒的左右臂，三人齊步進場亦可。也有新娘是由母親帶領或乾脆與新郎一同步入的情況。你可以提供參考意見與女兒討論，但最後的決定還是在於她自己，畢竟這是她的婚禮，她一生中重要的時刻。

不論是親媽或繼母都不應該給女兒任何壓力，而是全力支持她，不管她做了什麼決定。此時此刻，尊重她的選擇才是明智之舉。兩家人一起出席，分工合作，同心祝賀，讓整個婚禮順利進行，熱鬧有加，女兒必定會心存感激的。

IQ+EQ 一點靈

父母離婚雖然不幸，但女兒後來隨著父母各自再婚，擁有兩個家庭，親生父母及繼父母的疼愛與關心，如今她又找到如意郎君，可謂幸福女孩，母親當然要給她最大的祝福，千萬別讓過去未竟事務所累積的情緒，干擾了女兒順利的人生旅程與終生大事。

離婚對母親是一大痛，前夫的太太極易勾起母親的新愁舊恨，不過都已過去了，母親最好能放下過去，珍視現在，若不是先生外遇而離婚，也不會遇到現在的先生，共組美滿家庭，因此來函求教的母親除了尊重女兒的決定外，自己也可以開始整理人生中的未竟事務。

part II
家庭子女情

厭倦勸和父母

心情三重奏

　　我今年高三，在準備考大學，但父母整天爭吵，總要我和妹妹出面一人安撫一邊，我覺得很煩，也擔心國三的妹妹心情及功課受影響。爸媽雖是戀愛結婚，但爺爺長年臥病及爸爸負債都是我媽在扛，而我爸卻很少支持亦不懂得體貼。

　　如今他們關係惡劣，早已分房而眠，然而他們又不肯離婚，學校輔導老師曾勸我媽去找婚姻諮商師，她當然不會肯，我和妹妹都已厭倦勸和，我該怎麼辦呢？

脫困妙招

　　十七歲的少女雖已是小大人，但你的責任並不在於保住父母婚姻，讓他們和平相處，雖然你身在其中，很自然的想要盡力協助。婚姻好壞應是成年人自己的功能，他們的觀念交流，生活交集及感情表達。父母本身沒看到自己在婚姻中可以努力的地方，也不懂得惜福，反而指責對方，常嘆遇人不淑，使得

孩子們在他們的謾罵及爭吵聲中長大，已經是很悲哀的事了，還要靠孩子的安撫，實在不是盡職的父母。

你是好孩子，想得很多，一心希望父母能相愛，家庭和諧，自己心理負擔可以減輕，也樂於見到妹妹心情放鬆，只是你再怎麼期望，再努力勸慰，都只是暫時的安寧，父母之間的戰爭仍是每天上演，所以就不要再做無效益的事情了，將你的能量轉向一個高三女生所能做的事情，如好好念書，幫忙做家事，參加學校及社區的課外活動，或者找些健康且自己覺得愉悅的事情做做，如做蛋糕或當義工等，也是給妹妹做個好榜樣。

除了多跟同年齡的同學相處外，去朋友家也與他們的父母聊聊，當然可以繼續找輔導老師談談家庭中的這些議題，即使你媽媽抗拒去做諮商，你可以找時間常與媽媽談論你去找諮商老師的晤談內容，以及你自己在認知、情緒及行為方面的改變與成長。

IQ+EQ 一點靈

　　父母不和，經常爭吵，家庭氣氛時好時壞，有如不定時炸彈，孩子們提心吊膽，生活在焦慮不安與不確定中，很沒有安全，不知該愛還是該恨父母。父母吵架找孩子評理或找孩子站同一邊是損人不利己的作法，加重孩子的心理負擔，強迫他們去做原本不該他們做的事情。

　　這就是為什麼美國父母通常不會在孩子面前吵架的原因，大人的感情恩怨盡量不要去影響到孩子的心情，一、兩次就已經讓他們受驚嚇了，長期下來，孩子不是表現冷漠假裝事不關己，就是有些不為社會所接受的外化行為，或者有如案例中的高三少女，憂慮徬徨逐漸失去自我。因此拜託父母避免在孩子面前爭吵或打架。

父母爭吵影響孩子

心情三重奏

聽說姊夫好像有外遇，姊姊常吵鬧，為了關心他們，我特地趕到家中探望。一進門就聽到夫妻大聲相罵指責，兩個孩子則在房間內玩電動，聽而不聞。顯然孩子已經習慣於父母的爭執，或者是現代水蜜桃族的冷漠？

這在我長大的家庭是沒有發生過的，我真心疼兩位外甥。父母這般爭吵對孩子是否有其影響？有沒有補救的方法？

脫困妙招

當父母尖聲爭吵、打架或充滿怒氣的冷戰時，身處歷程的小孩內心所受的驚嚇及傷害不可不謂深遠。表面上看起來他們處變不驚，其實他們是裝作沒事，他們正在目睹父母的變臉及家庭的改變中，尤其當他們不知爭吵原因時，納悶成了心中的沉重石頭，孩子們不懂也不在乎父或母誰對誰錯，他們只希望父母能停止爭吵，恢復原來的和諧與安寧。

父母雖然吵都吵過了，已經做出最壞的示範，但他們仍有機會補救，如果他們能夠在孩子面前溝通及互相道歉並和好，則為良好示範。不過以令姊夫妻的情況看來，外遇問題一時無法解決，但至少他們應向孩子道歉，不該無視他們的感受在他們面前現出惡形惡狀，請孩子給父母一個學習的機會，他們會盡力以成人態度來解決夫妻間的問題，要吵也不能當著孩子面前。

請向姊姊、姊夫表達擔心這些大爭吵對孩子的影響。據研究顯示，父母不和的家庭孩子比單親家庭的孩子人格容易受影響、心理不健全。也許他們的第一反應是窘迫且怪你烏鴉嘴多事，但經過你的提醒及回顧幾次爭吵後，他們也許會有自覺，赫然發現這些行為已造成家庭氣氛不同，這樣的吵法只會感情變壞且危害孩子，必須換個方式處理。

IQ+EQ 一點靈

華人家庭中主系統與次系統以及次系統之間，彼此的關係相當緊密，例如婆婆喜歡去管兒子與媳婦的生活方式，或者岳母老嘮叨女兒與女婿不會教小孩。因此妹妹去勸姊姊不要在孩子面前爭吵，好像也是自然的。在西方社會卻不然，親如姊妹，也得尊重各人家庭的教育方式，明明是對小孩不好，也不能直接指責，只能把姊姊約出來私下談話，委婉溝通。

溝通需要技巧，才不會引起姊姊反彈，「不用你來教我怎麼管孩子！」當然要先同理姊姊的心情，安慰她陪伴她給她支持力量，再強調孩子是無辜的，不應捲入或處於大人的戰爭中，尤其是外遇事件，在事情結果未明朗之前不需給孩子知道。

父親暴力兒子無奈

心情三重奏

　　我今年大四，放假回家是想享受天倫之樂，但是爸爸的脾氣越來越糟，總是聽到他用惡言辱罵媽媽及弟妹，其實我們忍受很久了，都是任他發洩。現在我長大了，好想大聲教訓老爸，甚至海扁他一頓。

　　昨天帶小弟去大賣場買東西，回來時媽媽哭訴爸爸為小事盛怒，丟玻璃杯、打她手臂，看見她的哭及逆來順受，我好難過，我是長子應該保護家人，但我的學費仍是由父親支付，請問我能為家人做些什麼呢？覺得自己好沒用！

脫困妙招

　　有個暴力父親，家裡的氣氛必定很糟，每一個人都在忍受。主要也是想要維持一個完整的家，長久下來家裡成員的人格及心理健康均受到影響。照理說，人年齡越長，脾氣應變好才對，你父親卻相反，有可能是酗酒或事業不順、人際不佳，

把氣都出在家人身上。如果你訓他、揍他，只會加重他的暴戾，並不能改變他，他會覺得你翅膀長硬就造反了，也會更因此而遷怒母親。

　　父親無法控制怒氣辱罵家人，不予以回應是正確的應對方法，但若眼見他行使家庭暴力，你當然可以適時制止，不要罵他，而是強調「有話好好說，生氣會傷身體」，讓他覺得有被關心到，而且他看到兒子如此懂事，也會稍微收斂些。你務必給予母親及弟妹情緒支持，並告知家暴專線號碼，必要時可以打電話求助。

　　家庭成員遭受暴力，讓親友及鄰居知曉是恰當的，不必覺得丟臉，必要時他們可以作人證，也會給予協助，家人的身體及生命安全最重要。父親的暴力行為若太過分，他就得接受強制治療及制裁。至於你，因還是個學生，先做到你能做的，就是關心家人及好好念書，畢業當完兵後找份工作，有經濟能力的人說話就可以大聲，到時候聯合母親主導家庭或另外搬出來住都是可行之道。

IQ+EQ 一點靈

　　長期行使暴力的人，無法控制自己的言行及情緒，已經屬於病態，再加上一天到晚生氣，身體健康也堪虞。所以這位父親其實是身心均有問題的孤單的人，家人都怕他，不敢表露真情，有可能陽奉陰違，一旦被發現，他就更生氣，他其實是很可憐的，以暴力作為掌控的權威。

　　逃避或逆來順受並非最佳應對方式，從小地方順從父親的心意，做些他高興的小事來取悅他，讓他感到家人對他的重視及關心。越不正常的人才越需要關心。小孩試著去與凶狠的父親建立親情，以柔克剛，極有可能軟化他的硬心腸，不妨一試，即便無效，孩子們已盡了力，再怨恨父親也不遲。

重回舊男友懷抱

心情三重奏

大學時與學長Ａ君約會，半年後不愉快分手，他在公眾場合對我大吼大叫羞辱我。我不甘心乃四處散布他的壞話，當然也向母親坦承，大吐遇人不淑的苦水。沒想到十五年後因工作關係與Ａ君重逢，他已是某公司第二主管，成熟很多，說話風趣也懂得關心他人，於是我們又開始約會。

媽媽知道後大力反對，她說女兒不能再被踐踏，然而我倆卻很認真，已有準備拜見雙方父母，請問我該怎麼做才能讓媽媽重新接納我們的戀情？

脫困妙招

你母親未曾見過Ａ君，所有印象均來自你的訴苦，她腦海中對Ａ君沒有一絲好印象，當然不能怪她，越早讓她見到Ａ君，印象修正的機率就越高，但是你也要在她反對的言語與態度之下，按耐性子溫和有條理的描述Ａ君目前的點點滴滴，尤

其強調他的優點，逐漸灌輸到母親腦海，她才能了解A君的惡行是年少輕狂的表現，兩人會成長改變的，現在他是在社會中歷練過的成年人。

男女談戀愛，時間點很重要，年輕時各人對愛情有不實際的期待，也不懂得磨合彼此的差異，不肯學習溝通與了解，更不懂得分手之道，而事隔十五年，經過社會的磨鍊與個人的領悟，你肯再與A君交往，他必有吸引你的地方，而他現在敢面對你，追求你，也是看到雙方的成長與相容之處，既然兩人情投意合，就得同心協力克服困難，面對老媽，而A君見過場面亦有企業手腕，要有寬宏大量且先不回應媽媽的冷淡語言或態度，你跟你媽多說幾句好話，多見幾次面，必可融化她的心。

兩人既再交往，一切重新開始，視對方為全新的交往對象，看對眼接納對方之後，就要檢視彼此的人生觀，價值觀及婚姻感情性愛觀，還有生活作息習慣等，既然談得來就容易溝通觀念，逐漸穩固及維持感情。

IQ+EQ 一點靈

　　年輕時對感情存有二分法，不合即分，分手就翻臉，雙方心中都會有芥蒂，但是時間會沖淡恩愛或仇恨，事隔十五年再相逢，雙方都有個人成熟及工作成就，互相刮目相看，過去美好的回憶連結目前的好印象，雙方都有意重新交往，再試一次，確是好事。

　　男女都已進入中年，愛情早已可以自主，就算母親反對，也可以在一起。除了女兒勇敢地與母親討論自己感情事外，雙方可以共同商議如何創造機會多與母親接觸，讓她親眼看到A君的好處，以及女兒與他相處的快樂，眼見為憑她才會信服。

婚姻斜坡迷思

何時帶男友來家裡呀？

心情三重奏

　　我是身材高大豐滿的女孩，在家父母與哥哥都把我當男生看待，從不催促我交男友，我常羨慕長得嬌小的女孩，我其實是跟她們一樣，很想要有一個能體貼我，照顧我的男友啊！

　　美夢在我留學期間實現了，Ａ君接送我，與我分享異國求學生活，他的個性我好喜歡，我們成了戀人且一起學成歸國，保持來往，但我始終不敢讓家人知道我交了一個身材稍瘦，只

比我高五公分的男孩。Ａ君最近常因我遲遲不帶他見我家人而
不悅，怎麼辦呢？

脫困妙招

　　亞洲女性大都長得嬌小玲瓏，但近年來醫學發達營養豐
富，身材高大的華人女性越來越多，給人健美有活力，你是具
有現代美的女性，長得高大並不等於就是男性化，你為何要對
自己有負面形象呢？雖然是女兒身，家人視你為男生，亦即表
示你兼具男女生特質，是個剛柔並濟的現代女性，Ａ君之所以
喜歡你，必定是很欣賞你的特質，在一般女孩身上並不常見，
你應該高興才對。

　　你已是成年人，還留過學，眼界應比較寬廣才對，卻仍局
限於傳統的婚姻斜坡觀念中，認為男性的身高、收入、體重及
年齡都應該比女性高，深怕自己會被家人及親友批評與男友站
在一起不相配，別人怎麼看是他們的事，你自己是否在乎男友
不夠高壯才是問題，誰說男生一定要比女友高壯？個性相投心
靈契合，能夠共同生活才是速配伴侶。

　　通常男生因自尊心作祟，不願找高大女孩，Ａ君也沒有嫌
你，反而因愛你而希望被你家人接納，有如此的男友及愛情，

身高體型當然就不成問題，請鼓起勇氣，帶他回家與你家人分享，獲得他們的祝福。

IQ+EQ 一點靈

　　華人傳統社會一直有「婚姻斜坡」的觀念，亦即女性應嫁給年齡、學歷、身高及收入均比她高的男性才速配，因此男性不會想要娶高學歷，高大身材的女性為妻，妻子收入豐也會造成丈夫自卑感，而男人當然要娶年輕貌美的姑娘才會得意風光。如今時代變了，女男平等，此觀念已不再適用了。

　　女孩子自己陷入「婚姻斜坡」的窠臼，別人就很難幫她了，不管她家人是保守還是開放，她得先有正確的婚姻感情觀，身高體型絕不是問題，雙方是否情投意合，價值觀相近才是被祝福的戀情。自己能坦然，才有立足點面對家人，說服家人。

愛情浪子回頭祈求祝福

心情三重奏

　　年輕時風流不懂事，大學兩個女友先後懷孕，父母出面協調，兩家意見不合翻臉分手，父親斥責我。畢業後與女友同居又去劈腿，母親憂心忡忡，父親則與我斷絕關係，不准我進門，母親倒是常來看我，還替我收拾房間。

現在我已三十三歲，想要擁有愛情、親情並過穩定家庭生活，目前女友大我一歲，離過婚無小孩，我們已經不年輕了，都想好好定下來，不知該如何向父母開口，生怕他們反對，而我好想得到他們的祝福啊！

脫困妙招

　　愛情浪子回頭，永遠不會太晚，三十三歲的男人開始有人生責任感，確實感覺到愛情的落實性及對原生家庭的歸屬感，相信你父母聽了一定很高興如釋重負，他們一直都擔心你感情生活紊亂造成家人困擾，自己也會有挫折感，現在面臨的問題是如何重建父母對你的信心，讓他們相信你已經大徹大悟，成長許多，思想回歸正統，不再是從前濫情的青年了。

　　你與父親的關係早成僵局，母親既然常去看你，除了拜託母親在父親面前替你美言，說這兩年來你有自覺，而且在一位成熟好女子引導下，想要過新生活，最在意的就是父親的感受，想要請求父親的原諒及重新接納。你父親必定是剛烈性子嫉惡如仇，吃軟不吃硬，因此你自己務必要放軟身段，寫家書，打電話問候，即使他反應冷淡，也不要氣餒，多忍受幾次，父親對你的舊忿，會因親情本質及你的改變而減低。

　　等父親首肯你回家，你先自己回家，告知想念父母，想當家庭的一分子，也想帶一個心愛的女人回家，成為家庭的另一分子，請求父親接納及祝福。與父親曖昧不明的關係可能會持續一段時間，但只要做你該做的，破冰之日指日可待。

IQ+EQ 一點靈

　　在嚴峻父親權威教導下的孩子，不是將父親教條內化，順從長大，就是內心起反彈而產生叛逆行為，尤其感情方面，孩子自小未接受性教育，缺乏性愛感情婚姻觀的正確引導，青年期就很容易跌入情慾的陷阱中，他的種種作為必然引起父親的不齒與震怒，影響家庭關係。

　　兒子年紀漸長，不再滿足於遊戲人間的生活方式，渴望與原生家庭重新連結，且願意改變生活方式確立人生目標，這是成長與成熟，可喜可賀，父親應有正向思考，慶幸自己的教育還是有效，父母愛的付出終於獲得回響。親情永遠是親情，父親若能展開雙臂歡迎兒子及未來媳婦進門，就是最圓滿結局。

男友過胖父母不喜歡

心情三重奏

我與男友交往三年，男友不到三十歲就有過胖、痛風和B型肝炎，他爺爺又是肝癌過世，我的爸媽原本就不是很喜歡我的男友，隱瞞了三年，父母得知他的家族病史後就極力反對。男友很疼我，但是我的父母又不希望我嫁給他之後，又要照顧他，又要賺錢，又要帶小孩侍奉公婆，親朋好友裡，十個有九個不祝福這段感情。

我到底該考慮父母的感受與對我的關心，還是不顧一切的跟相愛的他在一起？

脫困妙招

既然已交往三年，你早應該逐漸讓父母了解男友的優點，而不是隱瞞兩人互動，父母對他所知甚少，除了肥胖及有病痛之外，他們當然會擔心你婚後的生活，擔心你在大家庭中吃苦；但是話又說回來，婚姻中雙生涯夫妻兩人若願互相照顧，

一起賺錢帶小孩，並共同侍奉長輩，不也就是中產階段平實快樂的婚姻寫照？因此你倆在婚姻生活中的溝通，必須誠實有交流。

三年來，男友有沒有針對自己健康問題加以控制，是你說服父母的關鍵。任何人都有機會得癌症，及早定期檢查才是自助自救，至少男友在控制體重方面要有成效，讓你父母感覺到他的毅力及努力，再加上你有事沒事故意與父母分享你對他的感覺以及他的許多優點，並且讓雙方有機會接觸聊天，見面總是三分情，才能夠改變父母對他的最初不良印象。

在愛情與親情之間掙扎的確很苦惱，你得先確定你與男友的感情關係穩定且深入，可以通過家庭生活的考驗，自己要多方面思考，然後再參考父母反對的意見，是否你有勇氣一一克服。也要與男友談論婚後的生活藍圖，尤重於女男平等分工合作且各有自我。當你心理準備好時，你的疑慮與擔心就不會那麼多了。

IQ+EQ 一點靈

　　因為怕被罵被嫌或被嘮叨而隱瞞實情或陽奉陰違，是部分人們的逃避心理，總是想等到必須面對那一天再說吧。等到那一天真的來臨，措手不及更加慌亂，就更無法理性地尋求解決之道了，因此未雨綢繆及早思考處理方法並勇於面對才是正途。

　　痛風可能是基因，而肥胖有可能是家族遺傳或小時就過胖，B型肝炎是可以控制住的，不論如何，三十歲的男性工作及談戀愛之餘，是應該注重自己的健康，積極就醫及減重，才是愛自己愛女友愛家人的表現。身體的狀況若越來越好，就等於交出一張漂亮的成績單給女方父母，但這是需要一段時間，加上男方的毅力耐力以及女友的耐心愛心鼓勵。

想跟隨出差的宅媽

心情三重奏

父母在我大學畢業那年離婚，五年來媽媽都仰賴我們四個子女輪流陪伴她，她還是死守在爸爸留給她的老公寓內，過著三十幾年不變的生活——買菜、煮飯、打掃、種花及看電視，沒有任何社交生活。

我認為陪伴媽媽就是帶她出去吃晚飯、看電影，或在家一起用餐看電視及一年一、兩次去旅遊勝地過一個周末。媽媽卻想要在我出差到國外或與男友度假時跟著一起參與，我當然不肯，三個姊姊都說我以自我為中心，請問我是個自私的女兒嗎？

脫困妙招

如果四個子女在出差或度假時都帶著老媽，那她就忙著準備旅行用品打包、拆包及照顧你們這些成年子女，她怎麼會有心思出去社交，建立自己的交友圈？聽起來好像你的三位姊姊

已婚，有自己的家庭要照顧，無法經常帶母親去旅行，因此將她們的期望都放在你身上，認為你單身，行動自如，應該多帶老媽出去走走。

出差時雖有免費旅館可住，但要以工作為重，不宜分心，因此當然不適合帶母親同行，而與男友度假時你們需要獨處時間與空間，似乎也不適合有她同行，反而是三位姊姊各自的年度家庭旅行很適合帶母親同行，祖孫三代和樂融融。而你，當然也要盡你的力量尊重及孝順母親，尤其要珍惜兩人相處的時間，注重生活分享的品質，出外用餐或看電影應以她的喜好為主，並經常帶些她喜歡吃的東西或小禮物給她。

子女輪流回家陪伴她，吃她做的菜是很溫馨實際，但也要帶她出去用餐或陪她購物，多在外頭走動，讓她習慣外出，熟悉外面的世界，然後再陪伴她參加社區的早覺會，或老人中心的活動，甚至去圖書館或醫院服務台當志工，多與人接觸，開始交一些自己的朋友，開創自己的新天地。

IQ+EQ 一點靈

　　「宅媽」是個新名詞，但很多單親母親或寡母將孩子扶育長大後，就窩在自己家中，只和兒女孫輩以及少數親友打交道，生活圈狹窄，逐漸害怕不熟悉的環境，也不想交新朋友，這種「宅媽」的現象在華人社會中尤多見。

　　現在時代變了，養兒不防老，兒女長大因求學或工作往往遠離家庭，小夫妻也不想和長輩同住，老夫妻兩個人還有伴，如果其中一位先走了，另外一位就得自立自強，接受單身生活的挑戰，走出家門，接觸外界的新事物及新觀念，參加社區活動，展開社交，串連友誼，則不會有孤寂感又不會給兒女增加心理負擔。

擔心爸爸再婚

心情三重奏

　　我已大學畢業做事三年了，本來以為可以住在家裡直到出嫁為止，但上周爸爸突然宣布年底要結婚，A姨要搬進來，大家一起過年，我有點無法接受。他要結婚也不跟我商量，也不知他有沒有與A姨簽署婚前契約，我擔心我及弟弟的繼承權益缺乏保障。

　　當然心理最不平的是，媽媽才過世三年，他就忘記二十五年的婚姻生活，人死了什麼都沒有了，爸卻與新人歡樂度日，唉，我心情降到谷底！

脫困妙招

　　你想念媽媽也依附爸爸，你對家庭的圖像仍是從前一家四口的美滿家庭，所以一聽到父親的喜訊就很難接受，頓時失去依附缺乏安全感，好想找媽媽傾訴，她卻不在，感覺好像世界

末日到來，你也成了孤兒。情緒暫時跌到谷底，能夠藉投書專欄來抒發是自我療傷的好方法之一，寫完之後是否有一些釋放的感覺？

其實事情沒有你以為的那麼悲觀，你與父親一向感情好（不然你也不會想一直住家裡），他只是急於將喜訊與你分享，除了有Ａ姨陪伴外，你們原來擁有的一切，包括親情及繼承權，應該是沒有改變的，你因為有失落感，所以更擔心你可能會失去的，包括父親對母親的思念。如果他早就忘了亡妻，他今天就不會那麼坦然的與你分享他再婚的消息，他相信母女雖天人永隔，必然是同心祝福爸爸的餘生能夠過得快樂。

身為成年的大孩子，當然得以成年人的態度祝賀父親心有所屬，情有所歸，不妨與弟弟藉口要相聚找機會在外面用餐聊天，聽聽父親晚年的規畫，極力表達願盡為人子女的責任，參與父親的生活。在兩代之間都有安全感及信任感之後，始能詢問有關婚前契約的事。而你在家裡住已習以為常，不需急著搬出去，這個家永遠是你的家啊！

IQ+EQ 一點靈

　　女兒與父親的關係一直不錯，她也知道父親有女友，但不願意去面對父親再婚的可能性，根本想都沒去想。而父親可能認為很難開口與子女談論自身感情事，反正不管子女同意與否他都要再婚，所以宣布喜訊時女兒錯愕，有失落感並產生焦慮與怨恨，以為自己此後在家沒有容身之地。

　　其實爸爸的意思是邀請女兒一起歡迎A姨進駐家庭成家人，但因不好意思與女兒談論自己的身心需求，而女兒不捨母親早逝而打算陪伴父親至出嫁，她想得不多不遠，以致聽到喜訊時無法接受，這就是成人親子之間溝通不良產生的問題，因此自小培養親子溝通是重要的。

單親媽媽交男友

心情三重奏

　　我今年四十一歲，離婚兩年，女兒讀高二，兒子才國三。與Ａ君交往八個月，感情融洽，我們已開始討論他搬進來與我及孩子同住，而他目前公寓則可出租，租金貼補家用。

　　上周末與Ａ君第一次去香港旅行，回來卻發現女兒鬱鬱不樂，她把日記給我看，寫著不了解媽媽為何和叔叔整夜睡在一起，又說叔叔來住客房也令她不自在，兒子卻什麼也沒說，我該如何是好？

脫困妙招

　　孩子對於媽媽的新關係必然會感到不安，不自在及困惑，尤其是青春期子女。兒子嘴上不說，心裡也有同感，因此你得先以同理心去抓住他們的情緒，進入他們的心，親子之間針對此議題的溝通管道才能打開且有進展。

　　目前先不要急著讓男友搬進家中。看起來子女都還未準備

好迎接家中新男主人，因為Ａ君一旦住進來，必定與你同眠，同住主臥房，自然會扮演親職角色，他們可能與Ａ君的關係還沒到那麼親，而且也想要捍衛親生爸爸的地位，即使他不住在家裡，所以子女們會抗拒。做媽媽的不與他們討論此重大決定，孩子反彈的情緒積壓不得紓解，就容易胡思亂想而導致一些奇怪的外化行為。

先讓Ａ君多與孩子接觸，分享生活，做他們的朋友，讓孩子們感覺到他是可以信賴的好人，從歡迎他來訪到歡迎他住宿，一直到歡迎他入主家中還需一段時間，惟有你在親子關係中的努力，以及Ａ君在建立關係的投入，才能解除目前的單親家庭危機。這已經不單是你與Ａ君的關係而已，已經影響到你身邊每一個人了，包括你自己。女兒的情緒該被重視，但至於你和Ａ君同處一室做些什麼，那就是你的個人隱私了，女兒已經高二，好好說理應可以了解的。

IQ+EQ 一點靈

　　單親母親有了男友後，通常都不是在男友家過夜，而是將男友帶回家過夜，可以膩在一起又可兼顧孩子們，但在時機未成熟之前千萬不可急著帶回家住，極易引起孩子的反彈，尤其是青春期的孩子，對同性關係相當敏感，性價值觀未確定，母親若沒有事前溝通，很容易產生偏執與誤解。

　　先帶男友回家作客，讓孩子認識他，彼此展開互動，然後由男友請全家三人出去用餐遊玩，需要時間及活動來增加彼此的熟悉感及情誼，等到孩子能完全接受他，歡迎他成為家中一員時，才能請他住進來。父（母）談戀愛之餘別忘了照顧到孩子的心情。

單親母親的最後通牒

心情三重奏

　　我今年高二，國小一年級時父母離婚，兩年後父親再婚，但他經常在我下課時來接我，帶我去吃點心，聊天，然後送我回家，以前我不太理他，現在進了高中後，看到他已有自己的家庭，還一直對我好，我對他的忿恨逐漸消失，跟他聊的話也多了。

　　媽媽對此非常生氣，她說我爸連兼職父親的角色都談不上，沒有權利來干擾我們緊密的母女關係。昨天她看見爸送我回家，今晨下最後通牒，要我與父親斷絕來往，不然就搬去他家住。我哭了一天，看來只好搬出去自己住，輟學當女工了！

脫困妙招

　　一個男人定期探望與前妻所生的女兒且建立良好父女關係，並沒有錯，而他能夠贏得你的心，則是長期以來真情流露，父女之情很自然的在家庭外，穩定中發展。而你母親可能是從前被父親傷害太深，一直沒有克服傷痛，反而將它壓抑，全心全力養育你長大，她認為你應站在她這一邊，心事也只能對她說，跟父親太親就是背叛她，在盛怒及沒有安全感之下，她對你說出了重話，也深深傷了你的心。

　　母親並不是真的要趕你出去，她那麼愛你怎麼捨得失去你？又怎麼願意讓你住進生父的再婚家庭中？她一方面在發洩怒氣，一方面在試探你如何做二者選其一的決定。看來你還滿聰明的，二者都不選，想要搬出去一個人住。其實也不用那麼辛苦，意氣用事的行動，不妨以柔情克固執，親口向母親表達感激並享受她的愛，無人可取代她，然而父女之情與母女之愛是不會衝突的，兩者均為正在成長的子女所需要的。

　　父母離婚，小孩何辜，現在你逐漸長大，除了安慰母親，也可以學習去引導她了解前夫，也可以自女兒幸福的角度來化解前嫌，建立淡如水的關係。有空可以去學校輔導中心找諮商老師談談，抒發心情也學習溝通技巧。

IQ+EQ 一點靈

　　母親早已習慣與女兒共組的單親家庭生活，完全忘記女兒漸長，也有發展父女關係的需要。由於過去的恩怨，她當然認為前夫沒資格當女兒的父親，問題是血濃於水且父女天性，母親應從女兒的態度設想，顧慮到她對親情的心理需求，只有放手讓她去，她才能有父母親各自的愛，對她而言，可能是殘缺中的完整吧！

　　人一生氣就無法正常溝通，被負面情緒驅使下總是會說出威脅性的話，如斷絕關係或滾出家門等。冒出非本意之狠話，傷了女兒的心，事後自己又後悔，損人不利己，又何苦呢？因此重新看待父母關係與前夫前妻的關係，才能讓自己少生點氣。

媽媽的鑽石耳環

心情三重奏

　　媽媽有一付鑲碎鑽的紅寶石耳環，當年我結婚時她送給新娘，只是四年後我們離婚了，前妻對我的一切毫不珍惜，連我買給她的衣服也一併還我，加上這付傳家耳環。

　　現在我有要好女友，送她這付耳環是否恰當？現在送？還是訂婚或結婚時再給？或者我將耳環奉還給母親？倘若我送給未來的妻子，是否該告訴她，我前妻曾經擁有過？

脫困妙招

這付耳環原是母親所有物，她贈送給你當時的妻子，應是代表祝賀新人及接納新娘為家人，如今耳環雖然由前妻退還，在你手上，你當然要將它物歸原主，然後與母親商量，她要留著自己用，還是也用來送給第二任媳婦，這是對她的尊重及感謝。

相信你母親一定希望你生活快樂，感情圓滿，她既已送出一次必然不會不捨得送出第二次，最適當的機會當然是在與你女友見面並相處過一段時間後，在訂婚時當面交給她並幫她戴上，未婚妻會感到被重視且感動的。

從來信中看出你很重視來自母親的這付耳環，它象徵愛情，而你很在乎目前女友，很希望愛情加溫能更上一層樓，所以有點擔心女友若知道耳環的來龍去脈，可能會不悅。因此最好的方法就是真心對待女友，也享受她對你的好，則耳環的出現只是錦上添花，當然沒有必要告訴她前妻曾經戴過這付耳環，不要讓已經過去的事情來影響美好的感情關係。

IQ+EQ 一點靈

　　對於男主角而言，紅寶石耳環是傳家寶也是定情物，感情已逝，前妻歸還定情物及傳家寶是理性的作法，由於男方較為感性才會認為前妻不珍惜此物。其實他應慶幸飾物回娘家，然後讓它物歸原主，回到媽媽手中，再由她決定使用權。

　　既然又展開一段新的感情關係，男方可以自費挑選一個美麗的飾物送給女友當訂情物，可以不和紅寶石耳環扯上邊，若母親願意將紅寶石耳環送給新媳婦，她可以在婚禮前送給她作為婆婆給媳婦的見面禮，意義深長，親情濃厚。

父親再娶背叛已逝母親

心情三重奏

一歲多時母親就因病過世，後來父親再娶，我稱呼繼母為媽媽，她也對我不錯，只不過在一些內心事的溝通上，還是沒有辦法突破，總是有一種無形的隔閡。我從小就羨慕那些有母親的人，雖然我不曾與親生母親有過任何的記憶，但是內心始終有她，我該怎麼辦？

我內心有一種矛盾，總覺得父親再娶很像背叛了親生母親，但理智上告訴我再婚對他才是好的，我總是在贊成與否定兩種想法之間徘徊，請問該如何走出困擾呢？

脫困妙招

父親為了將你撫養長大，娶了一個他可以信任的女人，而她愛屋及烏，善待你，善盡為人妻為人母之責，維持家庭的完整與和樂。這兩個人對你的愛及養育之恩絕對不會少於生母對你的愛。你生母天上若有知，一定感到很欣慰，她當時沒有嫁

錯人，且丈夫再娶的女人也是正確的選擇。

人對於想得到而得不到的東西往往會特別渴望，渴望到腦海中只有一個非要得到的念頭，以至於眼前所有的事情都看不見或感覺不到了，你當時尚在襁褓中，卻擁有生母全部的愛，她永遠都是你的母親，只是她沒有福分看你長大。事實上你比其他有母親的人幸福，你有兩個疼愛你的母親，一個在天上，一個在人間，何需羨慕別人呢？

與繼母之間的心理隔閡來自你內心的區隔與排斥，明明在享受她對你的愛，卻又覺得這不是真正的母愛，所以不肯對她開放自己，而她對你卻始終如一，是因為她真誠的視你為己出，這真的很不容易，也是一種偉大的母愛。無論你贊成或否

定，父親再娶已多年且將你撫養長大，而你也長大能思考了，請面對及接受現實，樂觀地看待你的人生，趕走那些無建設性的想法，心理才會輕鬆，才能坦然的面對父母親。

IQ+EQ 一點靈

　　心理學家艾里士（Albert Ellis）說人之所以產生困擾是因為他被非理性想法干擾。案例中的女兒就是認為自己人生有欠缺，父親再娶背叛母親，繼母不及生母，就會常去羨慕那些有親生母親在身邊的同年齡孩子，內心產生自卑感及欠缺，總有淡淡的憂愁，從小到大一直被這些想法縈繞，就快樂不起，心事也無法說出來，變成無盡的煩惱。

　　艾里士提議要以理性思考來取代非理性思考，對事情的看法要理性而貼近現實面，母親早逝是事實，但她受到父親及繼母的良好照顧，父親再婚也是為女兒好。只有感恩珍惜才能感到快樂，掃除陰霾。

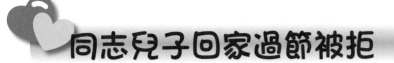

同志兒子回家過節被拒

心情三重奏

家人在我二十五歲那年知道我是同性戀，反應冷淡，與我保持距離，但每年三節我都回去探望已離婚的父母。今年中秋節我想帶已交往六年的「夥伴」去南部見家人，本想住在姊姊目前不用的小套房，她說裝滿了衣物不適合讓我住，而父親與繼母均表不歡迎。

我很難過，家人都不歡迎我，我當然不應該讓「夥伴」承受這種委屈，雖然媽媽及妹妹願意讓我們住宿，我在想到底是住旅館好，還是乾脆不要回去了？

脫困妙招

雖說你向家人出櫃已經好幾年了，但因父母本身離婚、再婚，他們各自有自己的問題要處理，沒有餘力，也害怕去面對你的性導向議題。姊姊與父親想法相近，被迫接受此事實且不願公開接納，而母親與妹妹因為愛你，願意學習接納你及男

友。你若多給家人時間及機會，他們看到你每年三節都照常與家人身心相聚，遲早會被你感動而接納你及男友的。

　　只是中秋節是家人團聚的節日，似乎不是介紹男友給家族的好時機。固然是每逢佳節倍思親，對你而言，家人及男友均為最親近的人，但對家人而言，你男友是個陌生人，一起過中秋節好像有點尷尬，此時並不急於在家人心裡尚未準備好時，強迫他們見男友，當他們的反應是負向時，你心裡難過，男友也有被拒絕感，佳節團圓的氣氛就被破壞了。

　　成語「寧靜致遠」，正是你與男友進入你家族中的歷程祕訣，你越沉著平和與真誠，家人就越快能接納你及你所愛之人。因此如果你一定要帶男友於中秋節南下，則必須要住在旅館，你最好自己去見父親，問他家人好，然後請母親及妹妹出來喝下午茶與男友見面，若她們誠心邀你們回家晚餐，那你也就卻之不恭了。

IQ+EQ 一點靈

　　絕大部分的上一代父母都很保守，很難接受同性戀，何況又是自己兒子，他們不想去面對，以駝鳥心態與你保持距離，但心中還是有你這位家人的。父親及姊姊似乎比母親保守，不願意讓你住，等於是不肯承認你是同性戀，更不肯接納你的夥伴為客，當然會感到難過。

　　你已做了你該做的，坦然出櫃及每年三節回家探望，請繼續努力對家人好，總有一天他們會了解同性戀的兒子真的是好兒子，請勇敢的期待吧！

好媳婦正向引導婆婆

心情三重奏

丈夫工作忙常跑外縣市，兩個孩子小我忙不過來，婆婆自大伯家搬進我們家幫忙，我輕鬆許多，有時間去學烘焙，很感激她。她人很好，也很疼孫子，只是她看事情都很負向，天天生活在一起，我有點受不了。

都是些小事情，例如從郵局回來就說郵務員動作慢，走在路上看某一家店鋪不順眼，開車時說不喜歡路邊的樹。她當然不是針對我而言，但令我覺得對話內容都很負向。我避免附和或反駁她，又怕她以為我對她不感興趣，怎麼辦？

脫困妙招

老人家的生活圈很窄，平日沒什麼事可擔心，左看右觀，對不熟悉的人事物沒有安全感，對周遭的環境較無法融入，心中所想的或所擔心的就順口說出。其實婆婆年輕時一定不是這樣，為人妻為人母，必然對人生充滿希望，看事情正向，因此

她現在身邊的人如果能給她安全感、信任感，她很可能會受到影響，態度與思考由負向轉正向。

你怕得罪婆婆，噤若寒蟬，她的話聽進耳裡留在心裡，心中卻不以為然，憋久了卻怕自己會爆發，然而你越是不說話回應，婆婆一個人唱獨角戲，她有可能越說越負向。因此為了要引開她的負面思考，你可以柔聲柔氣地說，「真的嗎？我倒滿喜歡這些樹的」、「那間店我沒進去過，但是我常去隔壁那一家，東西好多哦！」，你甚至可以改變話題，「啊呀，陽光好舒服阿，媽你會不會覺得很暖和？」語氣與聲調非常重要。

如果你經常以正向來回應婆婆，她聽到的是你的開朗內容，而不是反駁的語氣，她會慢慢被你感染的，沒事時陪她看連續劇，藉劇中人事物的討論正向引導她，婆婆就會在日常生活中逐漸改變。她的言行對孫子是有影響的，因此你是責無旁貸的。

IQ+EQ 一點靈

　　婆婆住進兒子小家庭幫忙看家、帶孫子、做家事，減輕小夫妻的負擔，也讓她感到被重視及有成就感，原是好事，但婆媳關係就成為一個重要的課題了，媳婦要能察言觀色，適時投其所好順其心意，老人家有時像長輩，有時也像小孩，婆媳關係是可以有彈性的。

　　每一位老人家的個性不同，看事物負向的婆婆是因為她的世界狹窄，較少與外界交流，只憑自己的想法來判定，未能觀察整個大環境的狀況，但她並非不可改變的。媳婦若能正向地看待婆媳關係，充滿耐心愛心地以正向思考來引導婆婆，她會經由此刺激而引發正向思考的。

婆媳間的誤會

心情三重奏

　　小寶滿周歲時，我們在家請親朋好友來慶賀，我做了很多菜，還精心製做一個奶油生日蛋糕。婆婆也帶來一個在超市買的廉價俗麗又甜膩的蛋糕。因為我的蛋糕夠十六位客人用，也怕客人不吃甜膩蛋糕，所以只切出我的蛋糕，婆婆因此而大為不悅，坐在客廳一角不理人。

　　事後她向丈夫及小叔抱怨，說我很可惡，自以為是，我覺得很冤枉，但是一個月後又見面她卻裝得好像什麼事都沒發生過。我好想找婆婆好好溝通，但小叔卻勸我讓事情過去，請問我該如何是好？

脫困妙招

　　對於婆婆在背後說你的事，你一直耿耿於懷，你當然希望能誤會冰釋重建正向婆媳關係，但不知如何是好，所以先寫信來詢問，足見你非常看重這件事，想要以正確的方式來進行。

第一步就是要回到事情的源頭——小寶的周歲蛋糕。你當時下意識覺得自己為小寶做的蛋糕才是最好的，超市的蛋糕哪能比，其實你沒有權利批判婆婆送來的蛋糕不好吃，更不能預設客人不吃甜膩蛋糕。

婆婆也是好意，特地買蛋糕來慶祝，竟然被你置於廚房不能見客，換做是你，你的感覺如何？婆婆的生氣是有來由的，如果當時你立即道歉並解釋，「媽，我跟小寶都很喜歡你買的蛋糕，裝飾很美，我們打算留下來自己吃，明後天再切，好不好？」，但是當時你已有批判心理，當然不會想那麼多，且又忙於招待親朋好友也就沒有及時去安撫婆婆情緒，導致她的怒氣持續發酵。

你先生實在不應該轉述婆婆的抱怨，他可以鼓勵你去向婆婆道歉並說明，同時強調感謝婆婆的好意及疼愛，那天人多事雜來不及解釋，請婆婆原諒，並邀請婆婆一起來疼金孫。婆婆已經向兩個兒子抱怨過，怒氣也發洩了，所以她會裝得沒事，足見她並不記仇，你也要放下身段與她懇談，消除她及你心中的陰影。

IQ+EQ 一點靈

　　事情都已經發生，婆婆的氣也發洩完了，所謂的補救，其實是為往後的婆媳關係打通管道。媳婦與婆婆對小寶周歲慶的蛋糕事件各有想法本是自然，但媳婦未顧慮到婆婆當場的感受，純屬疏忽當然應該向婆婆道歉，先聆聽婆婆的說明，接收她的情緒，然後再跟她說，以後有類似慶祝場合，一定會先跟婆婆溝通商量。

　　媳婦自己不喜歡吃甜膩蛋糕，但應該將兩種蛋糕均切出來讓客人選擇。若甜膩蛋糕有剩下，媳婦可以留下兩片，其他讓婆婆帶回家享用，皆大歡喜。

婆婆說話不客氣

心情三重奏

　　我新婚半年，周末都和先生回婆家吃晚飯，因懷孕在身，婆婆不讓我幫忙，我很感激。不過她在家裡霸道慣了，口氣都是命令式的，例如：「小敏，過來這裡坐！」、「小敏，去把電視打開！」、「孕婦不能喝茶，馬上倒掉！」我在娘家可從未被管過這許多。

　　丈夫當然知道我內心不悅，私下勸我忍耐，反正一星期才回去一晚而已。可是我的教養不是這樣，常常覺得無法忍受。請問有何禮貌性的方式可以向婆婆表達我的感覺？

脫困妙招

　　婆婆講話開門見山，太直接卻是沒有惡意，她自小的教養就是那樣，家人都習以為常，只有你聽不慣，心裡不舒服，其實她也不是針對你而言，這已經成為她的行事說話風格了，目前似乎沒有什麼禮貌性的方式可以改變這種說話方式，因此你

不要對她有所不滿，而是要為她感到遺憾，如果她的父母當年有教導她說話含蓄客氣些，她現在的人際關係可能會更好些。

不妨先接納婆婆就是這樣子，不要對她有成見，用心多了解婆婆的優點，真誠的婆媳關係才能建立。不論她說話多直接，你都帶著笑容接受，而在與她交談互動時，別忘了說「請」或「謝謝」等禮貌性用語。先生也可以以兒子身分偶爾半撒嬌半抱怨地說，「媽，你說話也太直接，太猛了吧！可以改進吧，至少說個『請』或『謝謝』吧！」

等小孩生出來，大人就要做榜樣給他看。即使小嬰兒聽不懂大人說話，跟他說話時要溫和婉轉且客氣。此時就是你先生引導教育他母親最好的機會了，「奶奶開口說，孫子慢慢學」，可以一再提醒婆婆別忘了加上「請」、「謝謝」及「對不起」等字眼，只有為了孫子，全家人才能同心一致有共識。

IQ+EQ 一點靈

　　新媳婦要適應婆家的生活方式，並學習與婆家每一個人相處，的確是一項重大挑戰。好在，現在小家庭大都住在父母家附近，不在同一屋簷下，只要經常回去吃晚飯就可以了，但對於小夫妻而言，融入婆家或岳家都需要時間、耐心及體諒。

　　一種米養百樣人，我們在大社會小社區中都得學習與不同個性的人相處，為何碰到婆婆會感到抗拒呢？因為她是丈夫的母親，權威的象徵，且新媳婦以自己娘家的標準來看待婆婆，事實上婆婆也是人，她也想要和媳婦建立情誼，只因雙方家庭背景、地位與角色的不同，關係的營建的確比一般人際關係來得奧妙與困難。

準婆婆愛講兒子情史

心情三重奏

年輕時不懂事懷孕生子，經歷傷心痛苦，終於念完大學，找到工作，也把八歲的兒子帶在身邊。大學時一位當過兵比我大兩歲的A君了解我情況，也深愛我，最近開始帶我們母子於周末去他家走動，給他父母心理準備。

他的爸爸與我有一些共同興趣，很談得來，母親人也不錯，只是這幾天她開始講述A君過去的情史，從高中到現在二十八歲，還說B女還是捨不得她兒子，而兒子放棄C女及D女似乎可惜等等，居然當著我和兒子面說，A君卻不想與母親談這件事，請問她是否不喜歡我？我該與她談談嗎？

脫困妙招

A君只是希望你們母子與他父母能有正常互動，雙方逐漸認識及熟悉之後他才敢提婚姻大事，目前雙方才認識不久，連他母親自己都很難判斷她是否喜歡未來的媳婦及現成的孫子，

但至少她是接納你為她兒子的朋友，也順兒子的心意誠心願意多了解你，此時你若主動與她談她的言行，可能會影響到你即將與她建立的友誼。

她之所以講述兒子過去的情史，目前很難斷定原因，有可能是個性使然，愛講話卻又不會找話題，亦有可能是炫耀兒子多受女性歡迎，暗示你要重視他，或者表示兒子可以找到比你更好的女人，不過最有可能的是，她很愛兒子。眼看兒子鍾情於有小孩的單親媽媽，意識到兒子長大成熟了，即將組成自己的家庭，甚至撫養別人的兒子，心裡既不捨又不是味道，所以說出不必要的話。

作為長輩，在你及八歲小孩面前說出那些話的確是不合宜，唐突且有傷害性。你最好與A君深談，鼓勵他去向母親表達嚴重性，他必須馬上找機會溫和但堅定的私下與母親談話，例如，「媽，情史都已經過去了，當你提到從前那些女朋友的名字，令我非常尷尬，女朋友聽了有點難過，她兒子也會感到困惑，拜託您以後不要再提了，好嗎？謝謝您，您真好！」既可互相尊重又可表達兒子對母親的感情及信任。

IQ+EQ 一點靈

　　以女朋友的身分做客，正在被男友家人觀察，自己也在觀察他們，客人要有客人的樣子，還不適合原形畢露，順著自己的性子去與男友母親談論一些對母子關係，男友女友關係及未來婆媳關係敏感的話題。不妨多觀察一陣子，進一步了解男友母親的個性及想法，等到與男方家人混熟時就可以談論較多的話題。

　　案例中的女主角很擔心自己離過婚、有小孩，不被男友母親喜愛。男友母親若是明理開放，她會重視兒子女友的個性、為人，但若碰上保守有偏見的母親，第一個面臨挑戰的就是母子關係，而男女關係也會受到影響，因此鞏固男女感情關係同心克服阻力是重要觀念。

part III
婚姻進行曲

先生個性有潔癖

心情三重奏

　　我們夫妻倆相差十二歲。結婚多年以來都很相愛，但是先生卻常常因為小事抱怨，例如我的生活習慣、東西擺放位置、說話的方法等等，尤其在他心情不好的時候特別明顯，這些事情似乎跟我們的年齡差距沒有關係。

　　他很疼我，但是因為個性上有點潔癖，對看不慣的事情難以忍受，也會抱怨衣服洗的不夠乾淨。雖然這些事情是每對夫妻都有可能發生的，但是因為我比較不在意他的小習慣，所以生氣的都是他，影響我們的關係，而我雖然也想照他的想法做，卻心有餘力不足。請問有何方法可以改善呢？

脫困妙招

　　結婚多年，你在生活習慣方面仍是我行我素，先生的抱怨你當耳邊風，他心情好時說過就算，心情不佳時忍耐度低就會生氣，但你們依舊相愛，除了他疼你之外，婚姻生活中還有許

多層面是互相契合的，或者可以說你們是歡喜冤家，小吵過後煙消雲散，感情恢復，也維持了這些年。

你並非不在乎先生的感受，而是你個性大而化之，不認為他在乎的事情是很嚴重，沒有必要依照他的喜好去做，只要順著自己的本性就好，如此的互動雖然關係仍是穩固，但先生的有時情緒不佳也讓你覺得家中氣氛變差。開始注意到兩人之間個性上的差異始終存在，有心想要改善。

「心有餘而力不足」是你的說詞？或是藉口呢？還是你真的曾經努力過卻未成功？你提到「比較不在意他的小習慣」，難道你不能變得「在意」他的小習慣嗎？他若不喜歡你擺東西的位置，你們可以討論出雙方都認為是恰當的位置；說話的方式他不喜歡的理由也可以談談，並不是一定要事事順他，也不是據理力爭或不予理會。婚姻生活中兩個人要互相協調，取悅自己亦取悅對方才是雙贏，不要以為事情小而不去在意，許多小事累積成大問題，隨著時間也會成為不相容性。先生是你最親的人，只有他才會告訴你一些該改變的地方，這不也是自己的一面鏡子嗎？

IQ+EQ 一點靈

　　再相愛的夫妻也有意見不同，相處困難的時刻，故事中的太太，能夠覺察到丈夫的情緒會影響夫妻感情，而有動機改善，很有危機意識，亦很珍惜婚姻關係。

　　人本來就各有個性，江山易改本性難移，結婚多年個性中大部分的特質依舊，小部分特質改變，是因為必須要學習與伴侶相處，彼此用心磨合，努力妥協，亦即所謂的潛移默化，漸有深入了解與默契。此案例中若要減少丈夫的生氣，除了妻子自覺肯改進外，丈夫也得學習控制負面情緒，兩人才能溝通協調，增進親密感。

漂亮太太愛吃醋

心情三重奏

　　結婚十五年，平日感情還好。因為我常有應酬，太太她人長得漂亮，所以各種場合都很出色，但她總認為自己身材不理想；因此，在交際場合中看到年輕性感女人時，舉止言行就變得不自然，回家後就指責我忽略她，注意力都在其他女人身上。

　　我當然為我自己辯白，與男男女女作禮貌上的交談，並不表示我忽視她，或忘記她的存在，她就是不相信。結婚以來我也不是沒說過讚美她的話，但說多了也會煩，有如例行公事，只是我也不想看她不快的表情，該如何是好？

脫困妙招

　　你一直都很欣賞太太的美麗，也全心愛她，本是佳偶一對，然而太太生性愛美，也習慣你及其他人的仰慕眼光，隨著年齡的增長，她開始有不安全感，擔心年華老去美麗消失，經

常拿自己與年輕女孩相比，尤其在社交場合，看到你和漂亮女孩說話，心裡就不踏實，產生胡思亂想，自我意識越來越強烈了。

每次她和你吵，你就急於辯白，反而更增加她的疑慮，不妨攻心為上，先稱讚她的美麗，表達你對她的感情，當然不能老是用同樣的話語，總要想些創新的語句，真心說出，她就已經吃了半顆定心丸，然後再解釋社交場合與老少異性的接觸是難免的，這就是你要帶太太出席的重要原因，除了以她為榮外，還可保證你的「安全」與「清白」。

另外，也誠懇與太太討論公私分明的議題，與異性不可避免的禮貌性互動，當然是為了公事，她不能因為自己的不安全感而來主宰你的行為。四十幾歲的女人正是一枝花，應有成熟理性的表現，何況年輕的美貌容易消逝，成熟的美貌則能持久。不妨鼓勵她在應酬時散發自信，多與人交談並投入當時氣氛，則能很快融入，達到夫唱婦隨的社交功能，倘若她還一直鑽牛角尖，則建議你倆一起去做婚姻諮商，互相表達想法，了解對方，並磋商出新的相處方式。

IQ+EQ 一點靈

　　漂亮的女性自小到大被親友稱讚，被男性仰慕，她知道自己的美麗，但若太注重外表而忽略內涵技能或專長等方面，則到了中年，就會感覺自己不如年輕女孩的皮膚彈性與膚色粉嫩，開始產生不安全感，尤其婚後一直相夫教子做家庭主婦的女性，還可能得了「外遇恐懼症候群」，疑心又吃醋。

　　此時，丈夫除了強調她在他心中不可動搖的地位，稱讚她有中年女性的成熟與美麗，最重要的還是要肯定妻子對家庭的貢獻，小孩教養得活潑乖巧就是她最大的成就，燒菜如此可口就已經牢牢抓住丈夫的胃與心了，協助妻子提升她的自信，她就不會整天焦慮了。

丈夫要求妻子整型

心情三重奏

太太年輕時相當漂亮，目前四十五歲，我們雖同年，但她看起來比我老十歲，曾有一位初見面的同業還問我她是不是我姊姊。

我當然沒有當面對太太說她長相蒼老，但已溫和的鼓勵她去做電波拉皮手術，已說了兩次，她好像不為所動，裝沒聽見。我舉某一位明星整型為例，她則說自己又不是演藝人員，請問我希望自己太太年輕美麗有什麼不好？我該如何與她溝通說服她？

脫困妙招

　　雖說你只提過兩次，但對太太來說已是小打擊了。人，不分男女，何嘗不希望自己青春永駐，太太容顏變老本是自然法則，加上相夫教子操心過度，並非她日曬風吹沒有保養，如此敏感的話題如劍刺心，她心中一定不好受，且偷偷擔心你會去找年輕女孩，因為你嫌她老。

　　想看到妻子青春長駐本是美意，但這是你的主意，並非她的意願，亦即是為了滿足你的私欲──虛榮心，挨痛的人不是你，你不知道這些手術對於不是經年追求外在美的女性而言是有多恐怖，除非是娛樂圈人士，他（她）們為了演藝生涯，非得有一張看起來年輕漂亮的臉，為了愛美，手術的疼痛及花費都是其次了。

　　話說回來，倘若你太太自己很愛美，在乎外貌，心甘情願，主動的冒手術風險並忍受疼痛，去做並非必要的拉皮手術，來取悅她心愛的先生，則另當別論，然而她的臉她自己作決定，此時夫妻一條心，作先生的當然可以鼓勵她、支持她。但是是你主動提起此議題，她並無反應，心中已經不快且傷心，因此如果你愛你太太，就不要再傷她自尊心，增加夫妻感情不佳的風險，多重視她的美德及愛心，並常陪她上街買衣

飾化妝品，從頭到腳的打扮，加上心情愉快，看起來也會年輕五、六歲的。

IQ+EQ 一點靈

愛一個人就得接受她的全部，沒有一個人是完美的，如果太太在各方面都不錯，僅是因為歲月摧人老而容顏改變，對你而言好像已成為缺點，而愛她的全部，就是要欣賞她的優點及包容她的缺點，何況上帝是公平的，她會老你也會變老，因此，如果已向妻子提過整型，而她表示沒興趣，還是得尊重她的想法，接納她的容顏。

所謂三分人材七分打扮，愛美是人的天性，除了手術外，化妝及打扮穿著都可以讓人看起來年輕，但是最重要的還是要保持一顆年輕的心，不妨以此話題與妻子溝通，交流想法，促進彼此深度了解。

先生有惡習婚姻難守

心情三重奏

我今年二十五歲，二十歲時因懷孕而嫁給人人不看好的A君，生了兩個小孩，我覺得他就像我的第三個小孩，事事要我照顧處理，愛喝酒，常換工作，最近又被我發現他有嗑藥，苦勸他不聽，經常吵架。

想到我流產及兩次生育他都醉在外面，我就心生怨恨，幾年來心已死，對他沒愛情了。他常說他愛我及兩個小孩，但光說有什麼用呢？你認為我該固守在婚姻中等情況好轉，還是帶著孩子離開他去追求較有品質的生活？

脫困妙招

年輕就愛喝酒必常誤事，才會經常換工作，收入也不穩定，自尊也低，心情也不好就會喝更多酒，愁上加愁，為了逃避現實，乃以嗑藥來麻醉自己。他的行為看似很壞，卻是他內心軟弱的反映。你們表面上生活在同一屋簷下，卻早已是同床

異夢了，如果任關係漸疏遠，各管各的，婚姻絕對不會因等待或期盼而變好的，耐心是一種美德，卻不是奇蹟。

你可能一開始就抱著溺愛的心理，太寵先生，他個性不成熟，依賴你的照顧，視為理所當然，認為床頭吵床尾和，吵架只是你在發洩情緒。事實上他非常需要幫助，而你是最能伸出援手的人，總要給自己、對方及婚姻一個機會去試試看。不妨好言勸他去戒酒戒毒，為家人重新振作，說你願意陪著他度過艱難時期，但他自己得下決心且有行動。

你說了該說的，做了該做的，給他四個月到半年時間，慫恿他去勒戒所或一起去做婚姻諮商，先生如果不為所動，我行我素，你就得面對現實，認清困難，請求周遭親友的幫忙，強制將他送入勒戒所。從你開始進行幫助先生及挽救婚姻的過程中，已經有相當的一段時間，這期間你的想法及心境一定每天都在改變，請再三檢視先生口頭說愛你及小孩，到底有沒有行動表示，如果在你努力之後，情況都沒有改變，你要離開婚姻，追求高品質生活的目標，也就確定了，那時你就有力量義無反顧的走出婚姻。

IQ+EQ 一點靈

　　婚姻是承諾，也是責任，要對自己、配偶及家庭負責。先生個性軟弱缺乏毅力，在外不如意，工作不順利，就退縮於喝酒及嗑藥的逃避行為中麻醉自己，暫時好過。然而喝酒加上嗑藥不僅是婚姻毒藥，也是人生殺手，只有先戒除此不良嗜好，才能重振自己，挽救婚姻。

　　婚姻是由夫妻雙方維持的，丈夫有了問題，妻子理應協助，力勸他甚至動用關係強迫他就醫，陪伴他度過難關。如果丈夫不知感激不肯回頭，則妻子仁至義盡，只好開始為自己及孩子打算了。

匿名信的暗示

心情三重奏

　　昨天在公司收到一封署名「關心你的人」寄來的一封電腦打字信，內容簡單，只說要注意先生，他在做欺瞞我的事。我覺得好納悶，我從未與人結怨，該不會有人陷害我吧，但如果是朋友好意，為何不署名呢？一整天心裡都很不舒服。

　　我們結婚十一年，感情不錯，我很難相信他會對我不忠，真希望不是事實，請問我該如何與先生談此事？

脫困妙招

　　十一年婚姻中，當你對某人或某事有疑慮時，你是不是都會與先生商量或討論？兩人在日常生活中是否互動良好？性生活也算親密滿意？倘若答案都是肯定的，你這次也可以與先生討論這件事，也就是說以平常心來看待，做日常生活中的討論，看看他的反應如何。

　　即使你內心忐忑不安，你還是要有技巧的詢問他，例如

「你覺得這是什麼意思？有人是要看我們好，還是看我們壞？」然後再具體的問下一句，「有什麼事情是我不知道的嗎？有沒有什麼婚外情之類的？」如果先生給了解釋而你也相信了，那麼你就該讓這件事情過去，生活如常，當然也要加強婚姻關係。

如果他起防衛心，對你發脾氣，或他的說明不合理，或者在問答交會之中，你內心深處本能的感覺不對，那你就不能逃避，要好好的與先生坐下來檢討婚姻生活及夫妻關係。無風不起浪，一定是有人擔心你們婚姻破裂才來信警告，朋友當然不希望做壞人，所以未署名。既然把話說開了，就要趁此機會說出彼此的抱怨及期望，探討個人對婚姻的展望，好好的整治兩人關係，夫妻共同去找婚姻諮商師也是一個好方向。

IQ+EQ 一點靈

　　若丈夫真的有出軌行為，妻子的好友正好知情，她們通常是守口如瓶，息事寧人，或者是直接告知，警告注意。未署真名的電腦打字通報信，也許是有人故意興風作浪，或者路見不平多管閒事。光聽信不明來源的訊息而指控丈夫是很風險的行為，若能按兵不動，沉著觀察，而不是整天疑神疑鬼，自己嚇自己，觀察留意一陣子也無妨。

　　另一方法則如文中所言，拿出神祕信與丈夫討論，口氣溫和，光明正大，當成兩人的事情來討論，也是對婚姻關係彼此的提醒。

婚後現出原形

心情三重奏

　　網路上認識在補習班任教的Ａ君，出來約會幾次，對我殷勤有加，也不在乎我曾離婚並育有一女，我感覺被愛好幸福，也就很快墜入情網。兩個月後，父親在美國出車禍過世，他放下工作陪我飛到加州處理善後，並提議在拉斯維加斯結婚，所有費用全由我支付。

　　婚後我才發現他脾氣大，會用尖酸刻薄話罵我，雖然他聰明且口齒伶俐也長得俊帥，卻是主宰控制型，最令我不安的是他收入不穩定，無積蓄，又有刷爆卡的紀錄，而且還愛看Ａ片。我想結束為期半年的婚姻，不知是否正常？

脫困妙招

　　當初Ａ君可能看你條件不錯又急於交男友，他也想找一個他滿喜歡且對他生活有幫助的女友，所以很快地虜獲你的芳心。令尊的過世正好給了他表現的機會，讓你在最需依靠時有

了支持，他就算準了你會嫁給他，他的感情、生活及經濟均有了靠山。

　　就是因為被戀愛沖昏了頭，在未對Ａ君有深層認識之前就走上紅毯，他的缺點在婚後就出現了。原來以為可以依賴終身的對象，居然是要依靠你生活的男人，與你的預期差太遠，加上他會有語言暴力，你對他的愛戀已逐漸消滅，而男女之間若有金錢糾葛，尤其是男方不上進，有惡習又不知改進，未來的關係衝突將會越來越多，與其將來鬧到翻臉成仇，不如現在冷靜處理。

　　如果這種情形是發生在你女兒身上，你必然會很心疼她，也看得很清楚，這個婚姻關係很難持久。夫妻若不能同心投入婚姻生活，各自為這個家努力，且兩人相知相愛、相伴相隨，則愛情會死掉，關係也會瓦解，請你審慎評估自己的婚姻，審視自己到底要的是什麼，先在婚姻中釐清角色，堅持自己的權利，逐漸讓Ａ君知道你是不可被欺壓的，他會醒悟到你原來並不是他以為可以駕馭的女人。

IQ+EQ 一點靈

　　婚姻是由兩個獨立平等的個體情投意合，願意共同投入家庭生活，克服人生各種困難，廝守相依。這是目標也是承諾，夫妻在家庭中的地位是平等，勞務合作，金錢互通，互相扶持，其實可以是戀愛的延長。

　　案例中A君的結婚動機不良，只為自己的利益設想，而女方被他的外形及手段迷惑，自己陷入戀愛心情中，順理成章的完婚，靈夢開始於婚後。由此可知戀愛不一定能結婚，寧可在戀愛過程中多貼近現實生活，多觀察對方，多感覺關係互動，不要被戀愛沖昏了頭，輕易步上紅毯。

丈夫嫉妒妻子的男人緣

心情三重奏

二十一歲嫁入夫家就為家族企業打拚，他做內勤，我跑業務，因我的男人緣，他經常吃醋吵架，現在事業發了，我坐鎮公司，他則開賓士打高爾夫球、喝花酒搞應酬。

在外聽到玩笑或流言，回來就對我發脾氣，擔心我被別人追求或拐走他家的錢，我覺得與他周遭朋友有關，他們婚姻均冷淡、無交集。我的青春都浪費於事業、家庭及小孩，真是不值得！

脫困妙招

你漂亮能幹，滿足夫家對你做妻子、媳婦、母親及業務高手的要求。但先生心裡明白，公司的業務大都靠你帶進來，身為男人心裡不是滋味，產生自卑感及不安全感，開始對你找碴、吃醋，你一定覺得很委屈難過，乃寄情於工作及家務，表面上家族事

業蒸蒸日上，家庭亦和樂無事，其實婚姻潛在危機已在。

現在生活寬裕，先生開始過安逸生活，他太傳統了，從來不會表達愛，認為愛是占有及控制，你除了幫公司賺錢外，一切都得聽他的，雖是盡量配合，但他本身欠缺自信，無法在你面前表達真正的自我及狂熱激情，且他有酒肉朋友，除了喝酒、聊天外，也會找歡場女性，找回暫時的自尊與征服感。多年來夫妻互動已僵化，除了公司跟家庭作息外，似乎很少交集，所以你感到欠缺、空虛。

先生是大男人，只能靠潛移默化的愛，來修正他的人生觀及生活方式，不妨先由小分享開始，例如孩子考完試或打完球賽後，全家一起出外用餐或買Pizza及冰淇淋回來吃；而公司接到新訂單時，夫妻兩人中午出外用餐慶祝，找時間找機會，聊聊彼此的健康、孩子的成長，先找他不會拒絕的共同話題，亦即先打開冰凍的溝通管道。在性生活方面，可以溫柔方式表達對先生渴望及性愛感受，讓他多看到你的女人面。這些作為都是打基礎，慢慢的他年紀大在外面玩膩了，回到家庭時，你們才能夠繼續往前走。你也可以看書、學習技藝、參加公益活動，讓自己的天空更為廣闊，替自我定位。

IQ+EQ 一點靈

　　女人太能幹，丈夫會依賴成性，自己也就自然的攬下很多事務，夫妻共同經營家族企業更是如此。通常都是妻子管財務坐鎮公司，這是最安全的作法，但也因丈夫出外洽公或應酬，妻子不是經常能夠出雙入對同進同出，而且夫妻共事，整天在公司公眾的角色凸顯。回家後較難轉換成男人及女人，男情人及女情人的角色，感情關係遠不及夥伴情誼。

　　同心合夥固然重要，重溫舊夢則為當務之急，亦即夫妻要找回激情。妻子必須靠自己的智慧，運用妻子兵法、女子兵法逐漸走進丈夫生活中，培養親信使公司業務分層負責，自己才有時間以女人的角色與先生相處。

婚前優點婚後變缺點

心情三重奏

　　妻子很節省，很少買衣服或化妝品，交往時出去都是我付錢，媽媽說她不奢侈浮華會是好媳婦，但是婚後問題就來了，我的錢變成她的錢，想買心儀的相機她嫌貴，羽毛夾克不准買北歐製的，必須買大陸貨，我們當場在店裡就吵起來。

　　她生日我送她名牌昂貴皮包，居然跟我翻臉，要我拿去退，我說要送給我媽，她也生氣。最近常為金錢的事吵架，我只好暗藏私房錢，偷偷花費。我也不喜歡這樣，但為什麼她婚前的優點，現在變成缺點？

脫困妙招

　　太太可能出生貧寒家庭，金錢取得不易，每一分錢都要花在刀口上，她在這方面沒安全感，且自律甚嚴，所以絕不多花一毛錢，這的確是她的優點，但是如果不知變通，僅是死守著錢財，未能顧及你的需要以及適度花錢所帶來的樂趣，則優點

過了頭，反成缺點，雙方金錢價值觀的差距所引起的衝突，將會侵蝕兩人的感情，危機已逐漸出現。

家庭開支是需要由兩人共同來規畫的，夫妻的收入總和中，較大的部分是屬於家用開支，小部分為儲蓄及預備金，但個人也可以有自由用度的零用金，其比例經雙方討論協商，同意後訂定而實行。昂貴的相機或羽毛衣算是特例，可動用預備金，並由你的部分零用金支出，但得先與太太溝通，以此物品在生活中的必需性及應用性說服她，尤其可強調品質好的東西通常可以長久使用。

你愛她，重視她，所以買昂貴皮包送她生日禮，然而她要的是漂亮且中價位的皮包，不妨多陪她逛街，耐心地注意她的喜好，送禮物要買對方中意的才有意義。已買的皮包她可以選擇歡喜使用，或者誠心轉送婆婆讓她高興，物盡其用才是對策，太太如果因此事而太為難你，硬要退錢就不近人情了。她的金錢觀根深柢固，需要你的耐心勸說、教育，慢慢引導她縮短差距，不要因怕吵架而不敢溝通，金錢用度在生活中息息相關，一定要面對討論及溝通。

IQ+EQ 一點靈

　　性及金錢在人際關係中是屬於慢性衝突，通常都是在婚後慢慢凸顯出來。婚前做愛不談性，金錢分你我，婚後金錢支用的問題會比夫妻性事的問題更早浮現，由於金錢價值觀的不同，堅持己見不知溝通，爭執時而出現，長期下來成為感情殺手。

　　不論是金錢、時間或食物，得來不易，都不應浪費，尤其現在經濟不景氣，錢要花在刀口上，不該花的就不要花。不過生活還是要有情趣，買皮包送禮示愛是樂趣也是情趣，而東西要買就買品質良好的，可以用很久，不算浪費。夫妻應就金錢觀多交流，抱持「多賺多花，少賺少花，不賺不花」的健康金錢觀。

打鼾先生不想分房睡

心情三重奏

　　近年來工作忙碌體重增加，打鼾越來越厲害，時間長且聲音大，太太經常抱怨被我吵得整夜沒睡，上星期她堅持要我去客房睡。我睡了幾天，很不習慣。結婚十六年來都是同床同

眠，一個人睡一張大床，呼呼大睡的前後時間覺得有點寂寞。

我與太太商量，要求採取折衷辦法，即先睡原床，等我睡著打呼後，她把我搖醒，我再自動去客房睡。她堅決不肯，我由難過漸轉生氣，請問我該如何是好？

脫困妙招

長時間被吵得不能入睡或睡不安穩，的確會因精神委靡痛苦而抱怨生氣，不過夫妻同眠那麼久了，已習慣夜晚相伴。現在中年先生打鼾，起初必定很不習慣，但逐漸就會習慣的，只要妻子接納先生的打鼾，沒有打從心底排斥。但是妻子卻懲罰你，將你趕出臥房獨眠，其實長期下來對感情關係是會有損傷的，尤其在你要求妥協她拒絕之後。

妻子之如此堅持與你分房睡，可能不光是為了打鼾一事，打鼾只是導火線，若有心要處理打鼾來維持睡眠安寧，你的折衷之道可行，或者給醫生評估要如何矯正或要不要開刀，或者認真降壓力減體重；也有人去大藥房買一種嘴內套，晚上睡覺時戴上，打呼的聲音可以消失。婚姻中一人打鼾兩人受苦，夫妻當然要同心來解決這個困難。

如今妻子的反其道而行，可以看出你倆正面臨缺乏身心親

密及情緒緊密的情況，是她對你有所不滿，怨恨日增？是否你平日工作太忙對她疏忽了，還是不聽其勸告懶得運動，體重增加？亦或是她有別種心情寄託了？到底是什麼原因她將你推出房門外，得要你自己去發掘。除了細心察言觀色，經常噓寒問暖外，邀約妻子一起去做婚姻諮商也是良好方法之一。

IQ+EQ 一點靈

床頭伴打鼾的確是件惱人的事，但若以平常心看待，體貼對方身體胖且疲倦，打從心裡接納此現象，久而久之也就習慣了。但若夜夜如雷貫耳，驚天動地，則不能等閒視之，找醫生診斷治療是當務之急。

同床同眠是親密感的象徵，妻子沒有親密感的需求，是因為她不感到有親密感已有一段時間了，反正丈夫倒頭就呼呼大睡，缺乏枕邊細語及溫柔碰觸。因此先生最好減少工作壓力，睡前放鬆心情與妻子聊聊天，逐漸再串起親密感，再一起來解決打鼾造成的困擾。

老夫老妻相看兩厭

心情三重奏

　　二十一年的婚姻不只平淡，還很糟糕。太太的脾氣越來越糟，尤其是在早餐桌旁，她堅持要一個人吃早餐，規定我不許和她說話，且要等她吃完再吃，連我去廚房倒牛奶拿香蕉，她也要罵幾句。

　　岳父母偶爾來住，妻子倒是有說有笑熱誠款待，但只有我們倆單獨在廚房，她總是擺臭臉。晚飯時因有老么在場，氣氛倒平和。我是好脾氣的樂觀者，但最近開始在思考我們的不相容性及為什麼還要在一起，不知有何方法能改善此情形？

167

脫困妙招

　　二十一年的相處，該說的話好像都說完了，該做的事也都做過了，孩子長大了，夫妻處於空巢期，家裡空洞，內心也空虛，感情也消褪，你們有可能就此後半生成怨偶，也有可能突破危機，婚姻關係有起色，就得看你這關鍵人物了。因為是你已到了無可忍受的地步，既然想改善就得帶頭努力。

　　妻子擺臉色給你看，定下不合理的早餐條款，固然待你不尊重，但你表面順從，而內心不悅的個人衝突，她並沒有感覺到，反而解釋為你是態度冷漠，隨她去的先生。太太有可能正面臨賀爾蒙或其他內分泌方面的變化，因而影響到情緒，在日常生活中顯露出來，你是她最親近的人，所以第一個遭殃，尤其睡眠不安穩或失眠最會令人煩躁，你最好能多關心、多體諒，不要害怕和她說話，改變噤若寒蟬的態度，表達你的愛心。

　　你從自己先做起，妻子即使再無理，她也會不好意思的，畢竟你倆並無大仇恨。人總是有感情的，你可以寫紙條表達感情，並請她盡量注意情緒，調整心情。凡事好好說，用禮讓的方式，而非規定或

限制，兩人至少可以像室友一般和平相處。當然如果你能說服妻子一起去婚姻諮商中心晤談，對你們目前的生活及未來的關係將會更有幫助的！

IQ+EQ 一點靈

冰凍三尺非一日之寒，婚姻關係居然演變得比室友還不如，其來必有因，丈夫可能做了許多妻子不滿意的事，例如生活習慣不良，太太說話沒聽進去，平日生活分享不足，夫妻溝通不良或全無等，目前既然相對兩無言，也無法問出所以然，因此丈夫除了回顧多年婚姻關係，檢討自己與妻子的互動，多加反省之外，不妨主動做家事，投妻子所好，有所表現，讓她看到感覺到丈夫的誠心與努力。

相敬如「冰」的關係不可能一、兩個月就恢復頻繁互動與甜蜜恩愛，不妨先以室友關係為目標努力，至少可以平起平坐且有對話與共同活動。

期盼妻子注重家庭生活

心情三重奏

半年前太太換新工作，很受公司重視，經常加班晚歸，早上又比我早出門，因此星期日至星期四我們分床睡，周末兩夜才能在一起，但她有時周末也要去加班，我就帶著五歲的兒子去公園及外婆家走走。

跟她談過，她說只有趁年輕打拚，才能多存點錢，一家三口過好的生活。但我卻寧可在家吃便當或下麵條吃，也不希望一星期有五、六天夫妻不能共進晚餐，我覺得越來越想念她，需要她，怎麼辦？

脫困妙招

男女結婚相守的重要理由之一，就是發展及維持親密關係，同時一起建立家庭，夫妻感情好，家庭必然完整，在情緒及財務方面功能也會健全。你太太的工作動機良好，是為了賺更多錢，提供家庭較好的生活，但她對工作的付出，包括精

神、時間及體力，是與對家庭的付出差距太大，她的生活失去平衡，長此以往必會影響夫妻關係及家庭功能，你已經感受到警訊了，而她尚無自覺。

太太必須要先了解自己對家庭的責任，即使錢賺得再多，個人成就感高，但夫妻及親子關係疏離，人生仍然會有欠缺的，何況人的欲望很難滿足，今天賺了這些錢，明天可能想要賺更多，她的價值觀念會逐漸改變，因此要趁彼此還真心相愛時，趕快進行溝通懇談，在愛情親情與提升收入之間做些取捨。

不妨一起去找婚姻諮商專家談談對婚姻的期望及人生觀、金錢觀，看看這六年來，彼此成長的步調的差異，重新找回對婚姻家庭的共識。她可以申請調職位，或者再找一份責任不是那麼重而她又喜歡的工作，而你也可以循升遷管道或跳槽以得到較高的收入，兩人一起打拚則對生活較容易達成共識，但生活分享及情趣不容疏忽，這樣辛苦才有代價。

IQ+EQ 一點靈

　　丈夫非常注重家庭生活，盼望朝九晚五的實質家庭關係，就因為如此，妻子才沒有後顧之憂，膽敢投入超時工作，滿足其被重視及成就感。丈夫得與妻子懇談，勸導她在工作時間方面盡量控制在八小時之內，也就是學習工作場所的時間管理，多留點時間給家人。

　　若太太的才幹好、能力強，公司老闆必然器重，她可以要求不要加班，盡量在正常下班時間前完工，甚至帶回家做，以求早與家人相聚。

太太樂在工作忽略家庭

心情三重奏

　　想要給四歲的兒子良好的成長環境及快樂的童年，我離開商界，找了一個朝九晚五的工作，下班就陪兒子。而太太仍熱中於房地產生意，下班都很晚，周六還要帶客人看房子，又不肯再生一個孩子與老大作伴。

　　一年前不慎懷孕，她硬要拿掉，我們吵了一個月，自此與我分床睡，我沒有性生活沒關係，兒子需要母愛啊，我怎麼會碰上這樣的女人呢？

脫困妙招

　　你的婚姻早就有潛在危機，卻未能正視它。當你為了孩子而改變生活方式時，妻子之所以沒反對，是因為她想把家庭責任都交給你，「反正是你自己要的嘛！」她自己並不想改變，反而樂得擴張事業野心，努力賺錢。當時你本著愛妻子疼愛孩子的心態，任她繼續發展事業，心中雖不滿她給孩子的時間不夠，也只是偶爾抱怨一下，並未嚴肅的與妻子討論此議題。

　　母子之間的親子關係固然重要，夫妻間的感情亦同樣重要。你想再要一個孩子而她不肯，行房時各懷鬼胎，很難達到心靈交流肉體合歡的境界，妻子的焦慮尤高。而一年前不慎懷孕，她要拿掉你不肯，衝突浮到表面，兩人沒有坐下來溝通妥協，堅持不下。她是個性好強、愛面子的女性，為了達到目的且不甘示弱，她獨自去醫院解決，並從此分床，以示對你抗議。

　　夫妻之間到了這種地步，似乎只剩下親情，道義及面子了，感情的實質不見了，激情早已消失，你是很重視家庭關係的人，必然很希望能修補夫妻關係以促進家庭和樂。其實生養小孩也是重質不重量，有一個小孩就夠了，不妨告訴妻子，自己在這方面改變想法，不再堅持了。過去讓她受苦而未充分支持陪伴是你的不對，希望以後兩人能同心來經營家庭，愛護及陪

伴兒子，而你自己也希望能有多一點時間與她獨處，不論是在家或外出。只要雙方感情距離拉近，其他的問題就容易解決了。

IQ+EQ 一點靈

　　夫妻價值觀的差異需要花時間及耐心來溝通、交流。丈夫希望再生小孩是想要給老大作伴，太太不想生小孩是因為她認為傳宗接代責任盡到了，不想再被綁住，只想專注事業多賺點錢，全家過舒適生活，各人的觀點均為善意。雖是背道而馳，只要兩個人肯面對面，以愛心及耐心多溝通，了解彼此心意，就不會互相指責怪罪對方了。

　　一個小孩在家雖嫌孤獨，在學校及內外的才藝班及各種活動的參與，可以培養社交能力，學習人際關係，可彌補獨子的生活不足。丈夫若誠懇向妻子表白此種退讓想法，妻子壓力消失，防衛心退卻，就可打開溝通管道了。

丈夫以自己為重

心情三重奏

　　我二十九歲，妻子小我兩歲，她因生女兒，請了一年育嬰假。自從女兒誕生以來，我們就經常吵架，因為我下班後在外遛達，看一場電影或與朋友吃飯聊天，一天忙下來總要放鬆一、兩小時，我才有能量及心情回家盡我做父親的責任。

　　妻子不滿我視朋友為先，家庭為後，但她有沒有想到她在家隨時可以睡午覺或休息，而我可是工作九小時在養家，而且我回家後，都是我在帶女兒。請問我該如何讓她了解並同理我？

脫困妙招

　　上班像上戰場，下班後放鬆是應該的，但已離開家近十小時，難道不會想念家人嗎？何況家才是最溫暖最令自己放鬆的地方。你現在的心態彷彿自己是單身，把自己擺第一位。既然是賺錢養家的先生，就要有責任感，不是把薪水拿回家買菜、

買奶粉就是盡責任，太太、小孩盼了一天，就是希望看到心愛的人返家。朋友們可以常通電話，偶爾相聚，甚至約到家裡來玩，每人帶一樣菜來聚餐。

女兒還那麼小，最需要父母的愛、照顧與相處。因此目前對你最重要的人應是女兒，在你去上班的前後十小時中，她的父親是不在她身邊的，與爸爸一起過周末很開心，但平常上班日能多與父母相處則是女兒的福分。其次當然是你太太了，她整天在家帶孩子，二十四小時無休，幾乎與外界隔絕，她最想說話的對象除了女兒就是你，而且還想與你分享孩子成長的樂趣。她當然不希望你在外面晃蕩兩小時後再回家。

每個人都需要有一些自己的時間與空間，不妨與太太好好溝通，每周一、兩次你與朋友出去，而她也可以有一、兩晚與她的朋友聚餐或看電影，你在家照顧女兒。雙方說好各有放鬆日，很公平，女兒也可以單獨與父或母相處的機會。

IQ+EQ 一點靈

　　即使結了婚，每一個人都會想要有自己單獨的時間與空間，丈夫下班後想要放空，輕鬆一下，再回家帶女兒照顧她，從他的立場看，理直氣壯並沒有錯，但是他沒有想到妻女盼了一天，總希望早點見到丈夫和爸爸，所表現出來的卻是自己為重朋友為先，難怪會引起妻子的不滿。

　　除了脫困妙招中建議的方法外，丈夫也可以一下班就回家，先與妻女吃過飯後，進到書房關起門來，要休息上網或看電視均可，獨處一小時，再出來接班照顧女兒，只要先與妻子溝通好約法三章，妻子必定不會反對的，畢竟丈夫是在家裡不是在外面，那種感覺就是不同的。

輪值照顧小孩不守時

心情三重奏

　　小孩剛會走路，妻子與我下班後，輪流照顧孩子兩小時，輪到我當班時，妻子出去買菜購物，經常逾時回家，一出去將近四小時。偶爾一、兩次我能接受，但她似乎快要養成習慣了。

　　雖然與兒子相處我很開心，但我覺得妻子不體貼，既然承諾要當班，就得盡責守時。請問是我過度反應，還是她不尊重我？我如何向妻子說明，她缺乏溝通有可能對婚姻關係造成傷害嗎？

脫困妙招

　　雙生涯家庭中的夫妻下班回到家時，其實雙方都很累了，輪流照顧小孩是一種公平的作法，能夠暫時拋開工作的壓力，又可建立父子或母子親子關係，但是買菜及日用品似乎也是必須的，妻子可能一上街就眼花撩亂，一邊欣賞，一邊購物，忘

了時間，或者順便訪友吃點心，縱情於自己的樂趣而忽略了你需要休息，或在家繼續工作的需求，如果經常如此，的確是不尊重你及你們倆之間的協定。

　雖說買菜大都是妻子的職責，你也可以在與她討論之後，由你出馬擔任採購，快去快回節省時間，或者與她溝通，最多可以遲到半小時，有欠有還，你替她當班的時間，她得在下一次償還。一定要和顏悅色，以成人方式來討論，最好是在餐廳或咖啡廳，夫妻單獨約會時討論，別忘了夫妻每周也要有單獨相處的時間。

　每一當班時間兩小時對照顧者而言是差不多，但對未當班者而言，要出去辦事或在家裡工作是有點短促，為了減少爭議，不妨試試看一周六天中，每人當班三個晚上，另外三個晚上是自由時間，而第七天晚上可以請大學生來家裡做「baby sitter」，看顧小孩，夫妻則可以出去約會或玩樂。總要多試幾種方式，才知哪一種安排最令你們滿意而方便。

IQ+EQ 一點靈

雙生涯夫妻的確比較辛苦，但小孩已經會走路了，且才一個小孩，只要在家裡陪他盯著他不要亂碰或跌倒，並跟他講話就可以了，大人還是可以邊照顧邊做自己的事，不會太勞累的，丈夫在意的是妻子不遵守輪流制度，一出門就忘了時間。這個衝突顯示出夫妻在為家庭忙碌之餘，都需要有自己獨處的時間與空間。

小家庭人口少，人力不足，需向外尋求資源來照顧小孩，長輩父母能幫忙最好，可信賴的臨時保母亦可。當然夫妻倆每人每周當班三個晚上是最公平的，一個晚上也只不過四、五小時，而另一方也不是每晚都外出，也可在家支援，主要在於夫妻願溝通，肯體諒！

拒絕婚外異性挑逗

心情三重奏

　　張氏夫婦與我們夫妻是投入最多家長會校務的學生家長，除了出席家長會，也經常輪流利用空閒時間來當義工，兩家七口有時會一起在學校附近餐廳用餐。我一直感覺老張對我別有用心，有時正好在學校輔導室幫忙，有獨處機會，他會靠近我，說一些讚美或試探我的言語，我都裝聽不懂。跟先生提過，他笑我自作多情，說老張是無害的。

　　最近居然收到老張寄來的電子郵件，我置之不理，不予打開，但覺心煩。請問該如何解決此事？

脫困妙招

你先生大概生性樂觀，看看張氏夫婦出雙入對熱心學校的事情，也知道你對他的愛，所以不把你的「直覺」當一回事，而你也不想把事情鬧大，免得大人尷尬，小孩納悶，所以未將老張的電子郵件當證據呈給先生看。可能就是因為你裝傻或不理，張先生誤以為你是欲迎還拒，他倒是很有興致玩情慾遊戲，所以行為越來越囂張了，因此你必須面對老張，獨力處理此事了。

找個單獨相處機會正色的告訴老張，「我真的不喜歡這樣。謝謝你的關注，但這樣令我感覺不舒服，請你停止這樣的行為，謹守朋友的分寸，還能保持我們兩家原來的情誼以及孩子們的友誼，我會很感激你的。」

如此說法表達出你的立場卻也尊重對方，給他機會做正確的選擇。倘若他仍不識相，未調整行為，則你就該口氣嚴厲地說，「我上次已經要求你停止這種無聊的行為，你聽不進去，如果你還是要這樣，就是不尊重我，我會將電子郵件原封不動地轉寄給你太太。」把話說得這麼絕，張先生大概以後也不敢再跟你瞎扯了。

IQ+EQ 一點靈

　　張氏夫婦的婚姻可能不如表面恩愛，他們都是為了孩子才會參與學校事務，婚姻中必有些不滿足之處，張先生才會想要向外尋求慰藉，或者張先生本性花心，經常在外另交女友。不論是否對他有好感，已婚婦女還是要小心，不淌渾水更不吃窩邊草。

　　裝聽不懂不予理睬固是應對方法，但為了不誤導對方或姑息養奸，還是溫和且正色地告知，自己與丈夫都很重視目前兩家的友誼，還是維持現狀的情誼，對兩家人來都好，張先生必能不損顏面地知難而退。

女人沒先生會更苦

心情三重奏

大學一畢業就結婚，工作生子真把我累壞了，先生又好吃懶做，經常沒工作，我真的很不快樂，但看孩子哭，先生懇求，我居然將已經填好的離婚協議書撕掉，與先生妥協。這兩年來完全是惡夢，情緒已快不能控制了。

先生兩年來被三家公司解職，欠朋友錢不還，在家的時間也不照顧小孩，而我每周工作四十小時，周末將孩子自保母處帶回自己帶，我父母認為女人沒先生會更苦，要我耐心等待事情好轉。我真的希望我可以不再憂鬱、緊張及憤怒，這樣我才能成為真正慈愛的母親。唉！我到底該怎麼辦？

脫困妙招

聽起來你先生不適合婚姻，自己都沒有辦法照顧好自己，在這世界上求一立足點，又怎能扛起對家庭的責任？但他又想要享受婚姻家庭的好處，他看上你任勞任怨的優點，又吃定你

心軟，所以當你決定暫不離婚後，他就越來越得寸進尺。你在生活上金錢上只有付出，沒有感情的回饋與精神上的支持，父母的話也形成壓力，你已經到了無法承受的地步了。

父母是上一代的人，他們認為女人必須靠男人，問題是男人不是每一個都可以被依靠的，現代女性必須自己靠自己，你已經有獨立謀生的能力，已具備離開先生的最重要條件了，父母巴望時間流逝能讓你先生成長，但他年紀還輕，又無自覺，你總不能傻傻地做牛做馬等他二十年，在這過程中，你的身心健康及孩子的人格發展絕對是有負面影響的。

你必須與諮商專業人員討論下一步該如何做，你已經知道不能再待在這個婚姻，經過一段時間的諮商，除了整理自己的情緒，確定自己對婚姻及人生的洞察，你可以找出新的人生目標，提升勇氣往前走。做一個單親媽媽，建立一個單親家庭，對任何女性而言，均是一個大挑戰，但是強迫自己去忍受你明知是無法忍受的婚姻與環境，卻是比面臨挑戰更糟，因為它永遠沒有希望。

IQ+EQ 一點靈

　　在婚姻中長期被剝削時間、勞力及心力，未得到關注、照顧及疼愛，任何女人都會覺得不如自己生活還來得自由自在，尤其當情緒積壓的憂鬱及憤恨時，就更無心力慈愛溫和地去照顧孩子了。這位母親一心想掙脫，不想繼續陷於泥沼，卻被父母「女人沒先生會更苦」的教誨所內化，內心衝突且掙扎不已。

　　人的忍耐是有限度的，結婚好幾年來先生均無自覺，與太太沒有心靈交流缺乏親密感，已成一面倒的依賴，自己若不能先幫助自己，有心振作，太太就是說破嘴吵到累，也是無濟於事的。

合理懷疑丈夫例行性安排

心情三重奏

　　我今年五十歲，先生與我同歲，孩子皆長大在外生活，公司的業務一直由我們夫妻主事。以前受雇外商，現在自己做老闆，他每天五點下班就出去拜訪客戶，十一點半返家，只有周三及周日晚上在家看電視，如此例行性的安排，令我懷疑是否有情婦。

先生自稱沒本事搞外遇，只是與酒肉朋友吃飯聊天。多年前我曾發現有多筆舞廳帳單，爭吵後他就不再刷卡簽帳了，另外我們的性生活很少，平日亦無親密動作，我好擔心也不快樂，怎麼辦？

脫困妙招

結婚以來你是賢妻良母，專注於家庭小孩，並協助公司業務，生活忙碌，先生規律的生活安排你從未懷疑，習慣接受。然而現在婚姻進入空巢期，你漸覺夜晚空虛，開始質疑這些時間先生到底在做些什麼，真的有那麼多客戶可以談生意，而所有的酒肉朋友都可以不回家過家庭生活？你的懷疑是合理的。

你與先生像是事業夥伴及室友，沒有私人交集，夫妻間缺乏親密溝通是婚姻大危機之一，因為它導致雙方身心疏離，很顯然，先生是男主外，女主內觀念的大男人，在外事情從未分享，你一開始沒有去了解，夫妻互動關係僵化，心靈沒有交流，只是兩個形體共處於公司及家中，兩人既熟悉又疏離。先生已經很難改變，只好從你自己做起。

不妨主動與他溝通，說出你的期望，偶爾與他參加應酬，可以請朋友來家裡吃飯聊天，要求先生增加留在家裡的晚上，

夫妻一起去看電影及在外用餐等，他如果再推三阻四，則你可能要做些調查，然後再決定是否留在婚姻中。多年婚姻的價值取決於當事人的價值觀，你也可以去找婚姻諮商師談談，但是最重要的是愛自己，安排生活，活出自我。

IQ+EQ 一點靈

　　雖然先生在外行動可疑，他至少還表面尊重太太，也重視家庭，不想婚姻解組，只是他大男人的生活方式由來已久，以為太太是放在公司及家裡的，完全忽視太太的心理需求及感受。因此，太太若就一些不合常理的疑點，溫和但堅定地面質先生並展開對話，先生就會開始有警覺性，才驚覺自己在外的行為可能會影響婚姻。

　　先生似乎很愛玩及與朋友吃喝。年紀大交際應酬宜減少，每年必做全身健康檢查，有小問題及早就醫，夫妻不妨先從此檢查及議題建立交集點，互相關心支持陪伴。

性愛遊戲難苟同

心情三重奏

結婚十年才發現先生長久以來有「聯誼」行為，不肯因我制止而停止，哭鬧也無效。我選擇放下，隨他去玩，只要不欺騙我，而他卻慫恿我參加聯誼性愛遊戲，我的認知與道德不容，他卻無法控制，但表明並不愛那些人，愛的是我。這是真愛嗎？

我也不知是否愛他，雖然我們的生活一如往常運作。外人看我們是不錯的一對，我也只好慢慢習慣吧，只是有時會有種看不起他的感覺油然而生，對他，我也可有可無了！

脫困妙招

在你知道先生有聯誼行為之前，你都以為彼此相愛，其實你是很傳統的妻子，信任先生，以家庭為重，才能維持十年婚姻，而現在他不僅對你無愧，還慫恿你一同參加，就是要拉你下水。他沒想到，此舉對婚姻的影響，將會比他一個人參加還

要具有破壞性，其實他只要停止此行為專注於婚姻關係，你們的愛情是可以復活的。

　　你開始質疑他對你的愛及你對他的愛，是正常的反應。婚姻是有承諾有責任的，先生在性愛方面無法忠心，欺瞞十年被發現卻以無法控制為藉口而不肯收拾，完全沒有顧到你的感受，事實上對妻子毫不尊重，你對他的信任瓦解，感受不到他的誠摯，對他沉溺於無倫理性愛的行為有鄙視的感覺，已經造成你對先生失望對婚姻無奈，如果聽其自然發展，夫妻感情只會惡化，不知表面和諧的空殼婚姻能維持多久？

　　先生有性愛成癮的症狀，他既要選擇婚姻，就得下定決心幫助自己戒掉此嗜好，而你似乎也選擇要留在婚姻中，那就要盡你所能與先生溝通，說服他去精神科接受心理治療，給自己及婚姻一個機會，重新來起，為時並不晚。倘若他執迷不悟，你會越來越無法忍受，到時候你就會順自己的感覺而有新的決定了。

IQ+EQ 一點靈

　　先生自小道聽塗說，建立偏差的性愛觀，性與愛無法結合，追求性的刺激，經常換對象才能身心滿足，因行之有年已是性上癮，已不是倫理說教或愛情感召可以改變的，違心放任他去或勉強順從與夫去聯誼都會令妻子無法忍受，婚姻關係已經成為同一屋簷下的室友了。

　　既然婚姻已出現裂痕，而丈夫又對性成癮無病識感，夫妻不妨以改善關係為前提，一起去找婚姻及性諮商師，重新評估婚姻存在的必要性以及彼此對性愛的看法，並獲得引導。

part IV
家庭變奏曲

丈夫流連單親老闆娘早餐店

心情三重奏

先生被資遣已有四個月，他常去附近早餐店喝咖啡吃三明治，因而結識單親老闆娘及她八歲的兒子，現在居然連星期六、日我在家的早晨，他也自己出去吃二小時的早餐，等他幫我帶早餐回來，我已餓得先行在家自理了。

他喜歡放風箏，上星期六下午居然放我一人在家做家事，帶著我們十歲的女兒及老闆娘母子去河邊放風箏，我不高興，他居然說，「如果今天老闆娘換成男性，你就不會吃醋。」對我而言，男女都一樣，是為了小孩才去放風箏的，請問，我沒有權利吃醋嗎？

脫困妙招

在這種情況下，你當然有權吃醋。雖說夫妻各自均可以有異性朋友，但此種異性關係只是純友誼，如果稍越雷池或曖昧不明，則會造成複雜性及有人會感到痛苦。換言之，異性朋友

關係是越簡單越透明越好，才能避免夫妻間的誤會及口角。

　　先生已養成去早餐店享用早點的習慣，而他帶早餐店母子去放風箏，已經引起你的焦慮與不安，他應該耐心向你解釋他的動機及行為，讓你放心，而不是振振有辭，讓你覺得自己像傻瓜。他應該邀請你在周末的早上一起去早餐店用餐，並徵求你同意，除了一家三口外，是否可以邀請老闆娘母子一起去放風箏。如果不是醉翁之意不在酒，他大可將你包括在他的失業生活及早餐時間內。

　　也許早餐店已成為你先生被資遣後心靈寄託處，離開家，暫時逃避責任感，看著早餐店人來人往，他也可以暫時忘記自己的處境，但也逐漸的愛屋及烏，對老闆娘及其兒子有熟悉感而開始關心。目前最好的方法是：一、你盡可能陪他去吃早餐及放風箏，成為夫妻或家庭活動，當老闆娘看到你們互動緊密，她就不敢有非分之想，二、請先生趕快準備履歷表，上網找機會，尋找新的工作。

先生賦閒在家必定覺得很無聊，白天朋友都在上班，沒人可找也沒錢可花，在早餐店吃早餐，與老闆娘聊天，看人來人往，可消磨時間且花費少，成了失業後好去處，這是可以了解的。但他周末應邀妻子一同去吃早餐，除非妻子不想一大早出門，那就早餐自理，只是夫妻只有在周末一同進早餐，理應同進或同出。

丈夫若是只帶自己女兒及早餐店兒子一起去放風箏，應該是沒事，問題就出在老闆娘也在，可接近性高日久生情不是沒有可能，因此太太最好要參加，且另外找機會提醒先生別誤導人家。

丈夫逼我二選一

心情三重奏

十二年來先生堅持分房睡，他個性沉悶，想與他溝通總是不得其門而入，終日「相敬如賓」。我內心苦不堪言，年初當我揭發他外遇後，他已全心與A女母子同住，在外租屋供吃住及生活費，形同甜蜜家庭；自認事業有成，有能力照顧到兩邊。目前只供生活費外已無心回家，並說，十二年要訂婚前已猶豫不想結婚，並不愛我，現在要我放他自由，也放自己自由！

逼迫我簽「離婚」，方案有二：我簽字，孩子二人歸他帶走，房子給我；或要我睜一眼，閉一眼，默認他「腳踏雙船」，而我僅剩保母功能。請問：如此無情的先生，值得我無限期等待他回頭嗎？

脫困妙招

十二年前勉強跳入婚姻，即表示先生屈服於情勢無法面對自己，婚後對你疏離，提供吃住卻只利用你生兒育女照顧家庭，對你不公平，而如今找到自己喜愛的人，逼你離婚，條件苛刻，擺明了無所留戀，你的憤怒、哀傷、痛苦及失望可想而知，不過你卻還未對他絕望，他如此無情無義，你還能期待他的愛嗎？

此婚姻一開始就不平等，不論是生活、經濟或感情都是先生主控，而你事事以他為主，是傳統好妻子，只是無論你多盡心盡力，始終無法討他歡心。十二年來，你一直忍受先生所規畫的生活方式，以為順從婚姻就有保障有期待，婚姻就會變好，完全不肯承認先生心中的盤算及個性上的自私。

婚姻能否維持長久且功能良好，須看夫妻感情程度及對婚姻的共識，先生所作所為已經很明顯，你應趕快自等待中跳出

來，接受現實，開始為自己打算，你到底要什麼？有名無實的婚姻？還是與孩子吃苦也不分離的單親家庭，或者鐵下心來自己出去闖一片天地？的確是很難決定，除了親情外，還牽涉財物及法律問題，因此建議你去當地晚晴婦女協會求助或找法律諮詢服務社幫忙，從長計議。你若不行動，則永遠在苦痛中打轉，情況不會變好的。

IQ+EQ 一點靈

先生的外遇若只是一段戀情，以情慾為主，易聚易散，但先生已與A女母子組織家庭，以後也可能再生小孩，表示他是動真情，回頭的可能性微乎其微，等待似乎等於是妻子對自己的懲罰，人能有多少青春可等待？

不等待不一定要離婚，妻子可選擇離婚，建立健康的單親家庭，或者選擇留在婚姻中，她也可以同樣地全心經營假性單親家庭，就當丈夫這個人已經不存在了，不再受他的惡行所困擾，多愛自己及孩子們，開拓自己未來的人生。

先生的初戀情人是我表妹

你是我妹妹？

心情三重奏

　　先生的初戀情人是我表妹（婚後才知道的），彼此都已結婚，可是十個月前他們又聯絡上了，從此電話跟簡訊不斷，我覺得表妹漸漸在破壞我的家庭。她曾離過一次婚，不知是否又嫁的不幸福，才又回頭來找我先生。

　　我希望我表妹不要再跟我先生糾纏不清，但不知如何跟她講，只希望她不要破壞我原本幸福家庭，趕快回頭照顧自己家庭，不要當第三者，也不要再毀了她自己第二次的婚姻，更不要害無辜的小孩。

脫困妙招

「我希望……，我希望……」，都是放在心裡想，並不能改變現狀，想太多更是六神無主，因害怕而更悲傷。不如靜下心來，檢討自己的婚姻，邀約先生一起檢討修復，並增強感情，且主動與表妹溝通，表達捍衛婚姻的決心，你總得有些正向表現，讓先生覺得你在乎婚姻，也重視他，使表妹看到她是因舊情而在妨礙表姊的婚姻。

他們是初戀情侶，彼此心裡留下共同回憶的事實你只好接納，但並不表示他們可以藉此發展新戀情，所以你應正色的分別告知先生及表妹，他們之間除了現在的姻親關係外，由戀人轉換成友誼的來往是可以被了解及接受的，但表姊妹之間親情及倫理也是需要顧及的。表姊及表姊夫都願意照顧這位情誼深厚的表妹，也希望她感情有歸宿，婚姻幸福。

你是妻子及表姊，本來就有立場說話，爭取自己的權利，不必吵鬧亦不可痛哭流涕，以平常聊天的方式與他們各自溝通，站穩腳步且自重，才能被尊重，也令他們有所顧忌。但另一方面，你自己要有信心，你是好妻子好母親，婚姻家庭的建立是不容易被摧毀的，以現有的基礎來維持及強化夫妻感情是你有利之處，因此多主導家庭活動，及經常夫妻兩人單獨相

處，培養感情及家庭凝聚力，你的行動表現會令先生刮目相看。

IQ+EQ 一點靈

　　男女婚前大都曾有戀情，就是因為分手，才能有新戀情產生，雙方不一定要坦誠告知對方過去的親密關係或人名，尤其是新娘的表妹，新郎擔心太敏感而未告知。這樣的作法本來是明智的，過去的都已過去了，舊情侶已各有歸宿，就讓記憶留在心底吧。

　　但丈夫與表妹有死灰復燃的跡象必然令妻子加倍擔心與痛苦，表妹尤其不應該，明知前男友已婚且對象是自己表姊，她不能因私欲而去破壞他的婚姻，不顧家庭倫理及個人道義。丈夫也太意志不堅，不知分寸，目前正是考驗夫妻感情的時刻，雙方都應勇敢面對危機，學習化解衝突以維持婚姻。

接納出軌太太回頭的沉重

心情三重奏

　　四個多月來妻子早出晚歸，周末也去加班，回來常喊累，總覺得她刻意與我保持身體上的距離，但表面上還是對我及孩子很好，上星期無意中看到她傳給C君的簡訊，要求見面談判，才知她的婚外情有了問題。妻子的解釋是她一時糊塗，單戀公司已婚的主管。現在她已覺悟了，打算換工作。

　　我很高興她對我的坦誠，下決心接納她，但內心常很矛盾，既要承受她出軌的事實，又要說服自己相信她，我也好苦啊！

脫困妙招

　　早在妻子外遇前，你們的關係就已經不是很緊密，婚姻生活也因各忙各的而呈規律平淡，妻子在公司與C君近水樓台，享受談戀愛的滋味，但是遮遮掩掩的地下情有許多限制，當有一方負荷不了壓力時，就想逃跑，另一方當然不甘願，也不肯

罷休。你妻子面臨感情困境急需支持，為了使問題單純化，她宣稱單戀主管，其實是保護主管男友、她自己以及你，因為這樣就成為她與你之間的問題了。

你倆之間的關係本來就有一些潛在的問題，只是雙方有意忽視，不肯說出來，以為可以隨遇而安，殊不知感情關係如逆水行舟，不進則退。現在妻子被迫回頭沒有退路，因為你的接納，她也願意換工作，與你重新開始，你們的婚姻在此時可以是轉捩點，化危機為轉機，而且你既然選擇不追究，就真的讓它過去，因為出軌的事已不存在了，請給妻子及自己一個機會來修補及增強關係。

目前兩人各自心裡痛苦，有很多話不能也不敢向對方說，不妨先藉談話來建立想要重建婚姻關係的共識，然後一起去做婚姻諮商，在婚姻諮商師引導下說出彼此的痛苦，表達對配偶及婚姻的期望，心靈有了交流更貼近彼此之後，才能確立婚姻近程目標及家庭長遠目標，共同努力。

IQ+EQ 一點靈

　　婚姻生活漸趨平淡，並非誰的錯，卻是雙方該承擔起的責任——如何找回激情重建親密關係，妻子迷途知返，表明了要丈夫要家庭，丈夫當然應該給自己及妻子一個機會重新開始。配偶有外遇，她的樂已經過去了，剩下的是苦，為夫者也是痛苦不堪，彼此就不要再折磨自己及對方，一定要視自己及對方為全新的個體，重新認識與互動。

　　復合之後，彼此難免有心結及心防，敏感事情或言語很容易觸動情緒，不妨先相敬如賓，並一同去找婚姻諮商師尋求各人的心理建設及婚姻關係重建。

一夜情的後遺症

心情三重奏

　　上個月和友人去泰國旅行，因為好奇，在旅館叫了一位男按摩師，年輕有力，按到後來我感到他在愛撫我，有點受不了，半推半就之下就與他發生關係，那種刺激的感覺無法形容。

　　懷著祕密面對先生，感到很慚愧，但那種刺激的快感久久不散，已經是第四個星期了，我跟先生親熱時老想著當時的情景，我也分外熱情，先生也因此被我引爆欲望，唉，真不知是喜還是憂？

脫困妙招

　　孤男寡女獨處一室，如果一方有欲念，另一方又不抗拒的話，就很容易有性行為，雖說是按摩師沒有職業道德（你原本可以抗拒，並向旅館的經理告發此人的性騷擾或企圖性侵害），但你因太沉浸於放鬆狀態及感官舒適而不想反抗，反而

是和姦，就表示你無法經過夫妻感情的考驗而屈服於自己的欲望之中。當然這不是你的本意，所以事後會有慚愧感。

　　偷歡的刺激、愉悅似乎超越了你的罪惡感，你之所以經常反芻當時的快感，就是因為你與先生的性生活已趨公式化，兩人雖仍有性慾，卻是例行公事，已經沒有當年的激情了，你是在按摩過程中被點燃慾火的，你當然不會愛上陌生的按摩師，因此當你的欲望升起、激情燃燒時，從前的刺激及愉悅又出現了，久違的感覺令你激盪不已，而你將此激情傳染給先生，兩人的親密行為變得有品質有效果，未嘗不是好事。

　　過去的錯誤絕不再犯，也不值得留戀，重要的是往前看，你與先生好不容易重燃激情，不妨繼續探索對方的身體，互相引發慾火，維持活潑的性生活及良好的感情。只是你得去醫院檢查是否有因一夜風流而得到性傳染病，因為當時的對象在性方面似乎並不單純，為了保護自己身體的健康，請務必到醫院一趟。

　　沒有預期，並非預謀的一夜性，新鮮刺激，那麼排山倒海的感覺，絕不是夫妻日常性生活可以相比。當然夫妻性生活也不是每次都激盪震撼，但性愛合一的行房效果還是會令愛侶身心滿足全身舒暢的。由一夜性的刺激可以看出這對夫妻性生活的沉寂與稀少，妻子埋藏已久的情慾才會爆發而不可收拾。

　　夫妻畢竟是相愛的，妻子才會對丈夫感到抱歉。慚愧之餘，自省為要務，妻子會了解到人性原來是脆弱的，承諾與責任原可以輕易被情慾打敗，因此得不斷的提醒自己，不要接近不必要的誘惑，要以行動真心去愛自己的丈夫，一夜性的祕密就隨著自己的成長而埋葬過去吧！

太太的舊情書

心情三重奏

　　十年前我們夫妻有過大衝突，之後太太舉止有異，我覺得她有外遇，但沒有去追查，冷戰八個月後，言歸和好。我也就忘掉那些不愉快的事了，但上個月我突然翻到一封當年男友給她的情書，證實了我的懷疑，但我沒動聲色，因為現在我們感情很好。

　　我相信她一定後悔曾有婚外情，我不會因此而少愛她一分，但有時我會想這件事，請問我該和她談此事嗎？該如何做才能忘掉此事？

脫困妙招

　　你目前的困擾關係到夫妻往後的感情，如何處理是個關鍵。如同你說的，太太必有悔意，決定回到你身邊，致力於美好婚姻關係，而她做到了，你也配合，當時，現實勝於懷疑，是否有外遇就不那麼重要，也就自然忘掉了。現在是你不小心

看到你不應該看的信件，又勾起往事，備受困擾，但是妻子已經走出往事了，正與你在人生的旅途攜手邁進，你忍心去破壞十年來兩人辛苦建立的感情嗎？

雖然夫妻兩人心中都有一個祕密，同樣的祕密，妻子不想傷害你，所以她可能永遠不會提，且她已為過去贖罪了，她也一定不想再去碰觸那個瘡疤。如果你真愛她，就沒有必要讓她知道你到現在才證實了她的婚外情，她會覺得原來她被監視了十年，而你一直在找證據來確認她一時的不忠，這十年來她的付出與努力，好像都白費了。她現在可能受到的傷害，會遠比你所受的傷害大的多。

你已經忘掉過一次了，不妨試著再忘掉一次，平日多想著這十年來太太對你的好，以及兩人恩愛的情景，過去的不愉快已經過去了，不可讓它再來干擾目前及未來的生活，這當然是知易行難，如果你還是繼續感到困擾不安，一定要去找心理諮商師，將心裡的話說出來，找出自己的問題，在諮商師的協助下，面對及處理「忘掉」這個議題。

IQ+EQ 一點靈

　　夫妻冷戰八個月之後關係逐漸改善，且感情加溫真是好事，雙方都重視婚姻家庭，有共識肯配合努力，已成恩愛夫妻。若僅因過去的一封情書而讓自己心裡有鬼，以負面思考及語言來折磨自己、傷害妻子，危及婚姻，自己一輩子都不會好過的，因此沒有必要去做得不償失的事。

　　即使戀情是在婚姻中發生，那是夫妻關係最惡劣時，妻子自男友處獲得慰藉與支持，有了覺醒產生力量，決心回到婚姻中，此外遇引發正向效果，未嘗不是好事，何況這已經是過去的事了。

丈夫無義婆家無情

心情三重奏

先生有外遇，亂刷信用卡，編了一堆謊言，感情也走下坡，我終於忍無可忍提出離婚，他也同意了，但他卻向他家人編了一套謊言，說我脾氣大，不信任他，干涉他用錢等許多罪名，這種婚姻他無法忍受。

我想他這麼做是為了挽回面子，但是他家人都相信他了，我打電話給公婆，他們不聽電話，叫小姑來對我說無話可說，明明是他撒謊，我居然變成撒謊者。真氣人，我做人一向正直，只是不會社交，嘴巴也不甜，但結婚十年，我身邊的親人居然這樣待我，太不值得了！

脫困妙招

有兩種可能：你先生自小常撒謊，家人已不能分辨真假，姑且信之，畢竟是自己的兒子；或者他從不對家人撒謊，這一次的謊言必然奏效，家人絕對不會懷疑他以婚姻重大事件來編

謊言，而你不常向他們表達你的感覺與想法，夫妻間吵架也不會去告狀，他們對你不了解，就容易聽信兒子的話而對你產生誤解。

　　像這種敏感事情當面說明會比打電話解釋有效果，俗話說見面三分情，而且人與人之間的關係，是要靠平日關心與聯繫建立的，尤其是親戚之間，而父子、母子的血緣關係，即使不說話不溝通，也不會斷掉的。很顯然，婆家人已被你先生說服，相信你是把婚姻搞砸的人。如此被冤枉，你當然很委屈也很生氣，但目前問題人物是你這快要離婚的先生，而非他家人，若把對家人的怒氣放大，對你很不值的。

　　但是對於準前夫，你可以向他直言，「以撒謊才獲得家人的同情及贊同，則此種同情與贊同是不真實的，如果你要的只是被家人鍾愛與支持的表象，你得到了，但是如果你要的是真實人們對你的真愛，則你必須要說真話。」不論他聽不聽得進去，你教訓他一頓，抒發心頭不平。

IQ+EQ 一點靈

丈夫撒大謊將離婚的罪過推在太太頭上，面對丈夫無義婆家人無情，感覺委屈難過孤單無依，的確是遇人不淑，但也反映出妻子與婆家人平日的不親，他們當然選擇與自己親近的人的說詞，甚為遺憾。人與人是要經由關心、分享的互動過程中建立感情的，先前耕耘不足，日後就收穫不多。

既然已決定離婚就是不想再跟此君一起生活，當然要徹底將他趕出自己的生活，生活面及情緒面都不再受影響，才能自在愉快地展開自己的新人生。

丈夫優柔寡斷外遇不斷

心情三重奏

　　先生對女人很溫柔，不會亂發脾氣，很有女人緣。幾個月前，因車禍在公司有女同事幫他上藥，而發生一夜情。而A女已結婚，但生性懶惰，每天很晚回家，不喜歡做家事，夫妻感情不好，遂對先生糾纏不清，被A女的先生知情而離婚！

　　先生不忍心A女無處可住，而幫A女租房子、買機車。因先生賺的錢都交給我，沒有錢可給A女，在偶然下被我知道，先生因A女愛花錢（先生節儉，省吃儉用）想和A女分手，A女卻要死要活，說為先生離婚，與女兒分開，怪先生無情，揚言要自我了斷。先生顧及A女有憂鬱症，態度不敢太強硬，怎麼辦？

脫困妙招

　　A女在婚姻中身心不滿足，藉機與你先生建立情誼，進而發生關係，你先生在一夜情之後未能立即煞車，到頭來卻成了害人離婚的罪魁禍首，現在被太太知道難以享齊人之福，想分手對方又不肯罷休，還需要妻子來替他想辦法，先生似乎都把責任怪在別人身上，他自己的選擇在哪裡？他可以做決定，而他也必須為自己的行為負責，也就是說他必須停止婚外情，回到婚姻中。

　　A女婚姻好不好其實不關你先生之事，離婚後的生活也不應由你先生負責，他的所作所為一直讓A女覺得他是愛她，肯照顧她的，所以才會繼續向他要錢，如果你先生願意視她為朋友，則你們夫婦可以好好與她談，每個家庭有自己的開銷及財務管理，除了金錢外，生活中有困難可以來家裡談，大家商量。

　　最大的問題還是在於你先生，A女的生命是操在她自己手中，不是在你先生手上。她有憂鬱症就該就醫服藥，並尋得家人支持，一個心理不健康，情感及生活均想依賴他人的人，是很難維持長久關係的，因此你先生不應自責，心軟或擔起所有的責任，但她得面對現實，以合理的態度及言行，將男女關係

轉化為朋友關係，然後再漸漸淡掉。Ａ女在自助人助之後，也該去追求她自己的幸福。

IQ+EQ 一點靈

　　在婚外情中優柔寡斷，藕斷絲連，不但自己越陷越深且危害婚姻甚鉅。先生心太軟，缺乏抗拒力，喪失禮教分寸，養成Ａ女依賴且理所當然。對Ａ女這個不可理喻的病態之人，同情心、友情是可以有的，夫妻倆一起出面與她合理溝通，給她適當的幫助，請求丈夫避免與她單獨見面，絕不能再有性關係，才能讓她死心。

　　協助丈夫善後的妻子心裡必定不好過，當然要確定先生是真心回到婚姻，全心對待妻子，才願意給他及自己一個機會重建關係，雙方有共同人生目標，有未來希望，苦一陣子還是值得的。

丈夫婚前花心妻子惱怒

心情三重奏

結婚兩年，以為自己嫁了一個好先生。有一天不巧聽到他和大學死黨通電話，好像提到他當年劈腿之事。我忍不住質問他，他才坦承大四時曾同時周旋於兩女之間，第一個女友還以死威脅，後來就去服役而逐漸淡掉。

明知這是十年前往事，在他認識我之前早就發生過，我還是很感震驚，難以接受，一想到他跟兩個女生做愛，我就怒火攻心，不要說做愛，連聊天都沒法好好聊，我知道我缺乏理智，但很氣啊！

脫困妙招

你生氣的第一個原因是，氣先生為何沒告訴你他的過去，卻在與朋友對話中洩漏出來，天網恢恢，還是被你知道，問題是知道了又怎麼樣？過去發生過的事情現在生氣，對夫妻關係是加分還是減分？大學時許多人心態不成熟，對性愛感情觀沒

有正確認識，不論是初戀分手或劈腿被劈腿的經驗，必然是傷痛或不愉快，三十歲稍為成長後才回頭看，會覺得自己當年頗幼稚也衝動。

　　人是會成長的，你先生在社會磨鍊過，對感情的事，聽得看得也比較多，他知道不必向要結婚的女友坦承往事，免得你擔心或吃醋，反正只要全心投入新的感情關係，相知相愛相依，不再回首過去，同心往前看，共創美好人生，而事實上他也做到了，讓你覺得嫁了一個好先生，你再生氣，他除了安撫你，也不能做得更多，因為他並沒有對你做錯什麼。

　　你生氣的第二個原因是，「想到他跟兩個女生做愛」，開始自編自導，硬把過去情境搬到腦海中，加深自己的嫉妒，任負面情緒高漲，有時會現實與幻想難分，視眼前的先生為劈腿者，不僅完全否定他在感情關係中的努力，也增加自己不必要的困擾，知悉此種往事，震驚是免不了的，但只要將時空畫分清楚，將二十二歲與三十二歲區隔，回顧婚姻史並檢視現在，起伏的心情就會逐漸平息。請心平氣和的接納你先生，至少你的婚姻到目前為止是美滿的。

IQ+EQ 一點靈

　　每一個人婚前都有難以忘懷的初戀，或者加上幾段戀情，每一次碰到的對象都不一樣，兩人的組合都是新的互動，均因種種原因而分手，才會在後來遇到合適的對象，戀情開花結果發展到婚姻生活。自己及伴侶都應感謝之前的經驗，讓人成長催人成熟，而不是拚命在婚前或婚後去挖對方的情史，弄出已非現在式的假想敵，使自己醋勁大發怒火攻心。

　　兩人相戀而結婚是緣分也是福分，把握現在就是奠定未來感情關係的基礎，如果一再任過去不成熟的情史來擾亂自己情緒，干擾感情關係，未來的婚姻生活如何能好過呢？

先生上班太太就心神不寧

心情三重奏

結婚十年，某日無意間發現先生手機中充滿了情人的簡訊，居然每通都留著，簡短但親密，我才知道辦公室戀情已持續兩年了，先生坦承有精神外遇，答應停止來往，我很懷疑他的承諾。

我發了一封簡訊給他情人，警告她只能和我先生有公事往來。如果她不肯放棄，我想要去見公司老闆，請他約束屬下行為。我很想維持婚姻，現在先生一去上班我就心神不寧，怎麼辦才好？

脫困妙招

你以為給第三者一個警告是下馬威，對方如果有把你看在眼裡，她就不會與你先生牽扯兩年，但是關鍵人物仍是你先生。兩年來刻意隱瞞，婚姻生活照樣進行，光是承諾要斷「簡訊情」是不夠的，他得用行動表示，他應該積極的在自己婚姻

中改善，兩個人最好是能坐下來好好討論婚姻中的缺失，他的欠缺感是什麼，對婚姻互動的期待又是什麼，以及你的期望。如果不知從何說起，建議你邀請先生一起去找婚姻諮商師，藉由她的引導，大家開誠布公地談談。

　　有的老闆不想涉入下屬的「家務事」，他會畫清界線，很禮貌地要你回家等先生跟你好好談。而有些老闆則討厭員工以辦公室為戀愛的溫床，有可能請兩位當事人走路，如此一來他倆同在一條船上，阻力可能成為助力，且先生對你必然怨恨有加，婚姻關係會降至冰點，又給人家看笑話，要挽回就更困難了。

　　因此要挽救婚姻還是求助於自己，先不要責罵先生，坦白地告訴他，自己有多難過、擔心，這兩年來你與他都疏忽了在婚姻的園地中耕耘，誠懇地問他願不願攜手一起來努力，勿讓婚外情毀了婚姻及家庭，在接受婚姻諮商之餘，給他一點時間及空間去冷靜及思考，並從現在起攜手多多從事兩人活動。

IQ+EQ 一點靈

　　社會風氣開放，道德觀念薄弱，男女在外上班，工作壓力大，常與同事聊天喝咖啡紓壓，私下接近的機會多，聊聊話題由公而私，由普通而深入，很容易產生曖昧的感情進而發展戀情。明知不為社會所容，且也不是不愛自己的伴侶、兒女，只是很難把持，任情慾高升，畢竟偷情是刺激的，因此過了一段時間後，雙方就陷入溫柔鄉了。

　　辦公室戀情的確越來越多見，配偶防不勝防，還是要從根本做起，亦即加強親密關係，鞏固婚姻基礎。有時利用中午午休用餐時間通電話或約在一方公司附近用餐，或者下班時來接配偶一起回家，良好的實質關係會讓外人有難以破壞的感覺，不敢輕舉妄動。而配偶如何處理辦公室戀情要靠智慧及技能，不妨請教婚姻諮商師，因每人情況不盡相同。

無奈接受婚外情

心情三重奏

先生與已離婚女同事有公開婚外情，他表明愛家，對於我的反對，他打罵、恐嚇且激烈的凶我，只要我依從，就和平相處，且每月有兩萬元生活費。

我和第三者見過面，她態度強硬，說也需要愛她的男人的照顧。先生經常夜宿她家，但有時也會與我做愛。我心碎卻捨不得，請問他還愛我嗎？該用何種方式維持婚姻，何種態度對待先生？

脫困妙招

先生公然有外遇，不顧你的顏面及感受，強迫你接納事實，他以為提供生活費並偶爾與妻子做愛有盡到責任，將自己的外遇合理化，沒有罪惡感。但是婚姻的實質應該是夫妻相愛、共享生活同以生活為重，你當然是很難忍受在沒品質的婚姻中。

夫妻關係剩下親情與恩情，愛情與激情逐漸消退，如果你

依照他的願望，維持目前狀態，則可能有三種情形：一、有朝一日先生離開外遇對象，回到你身邊；二、先生離開你與外遇對象共同生活；三、維持現狀。而你如果選擇離開先生，你會失去現有的一切，但是可以營建單親家庭，還是可以跟孩子在一起，當然還有許多因素需要考慮，如經濟、時間、能力等，無論是哪一種選擇，對你來說，都是不容易，且需要一段時間來做決定的。由於先生與外遇還在熱戀階段，等感情穩定後，對方可能會要求更多的時間、金錢、照顧甚至名分，先生可能會因為不願斷送家庭而與她分手，這是一個冒險的期待及等待。

建議你去做婚姻諮商，找出關係中未覺察到的互動不良的地方，既然先生還是大部分時間在家裡且仍與你行房，也可以從改善夫妻及日常生活中做起，如全家吃你親手做的美食或帶小孩出去玩，在沒有壓力之下讓他感覺到家庭的和諧及妻子的關愛，床笫之間也可以增加性激盪。你給自己一段時間靜心努力，如果先生無法同心努力，你也就可以義無反顧、心甘情願的走出婚姻，與孩子創造新生活。

IQ+EQ 一點靈

　　大男人主義已婚男人以為有給生活費，每天回家睡覺，且偶爾與妻子行房就是盡了為夫為父者的責任，乃可以將自己的外遇行為合理化，而身為小女人的妻子完全處於挨打的地位，無奈依從，且還有錯誤的觀念，以為丈夫仍與她做愛就是愛她，還想等待丈夫回心轉意。其實丈夫如果真愛她，就不會以暴力脅迫妻子讓他享齊人之福。

　　丈夫之所以仍和妻子行房可能性有三：(一)他擔心不滿足妻子的需求，自己可能會戴綠帽子；(二)他在家時也會有性慾，妻子滿足丈夫是理所當然；(三)他不愛妻子，但也不厭惡她，至少她還是個女人。無論如何，這是個不平等婚姻中的自私丈夫。

先生與同事的網路戀

心情三重奏

　　去年底，發現先生與已離職女同事的網路戀，她在電子郵件中抱怨她先生的不體貼及兒子的疏離，還說我先生是她唯一的最愛。先生在我的追問下坦言是精神交流，已有五年之久，但他對我的愛及婚姻是不會改變的。

　　昨天先生吞吞吐吐地說，女同事下周將由高雄北上要求見面。我揚言要離婚，如果他去赴約，他卻一直求我放過他這一次，保證會對我更好，請問我該怎麼辦？

脫困妙招

　　身為妻子當然需要先生親口承認外遇，證實自己的疑慮，然而你先生的坦言似乎只有一半，他們以前是否有過肉體親密？這次會面會不會訴諸肌膚之親，都是他心中的祕密，他的

態度好像在說，精神外遇是不會影響到夫妻關係的，反正已經被你知道了，充其量就是維持現狀，有強迫你接納現狀的意味。

他之所以向你直言女方要求見面的事，表面上是尊重你對你沒有隱瞞，其實是在威脅你，若不肯放行則會影響婚姻關係，而你亦反過來威脅他要離婚，雙方各有立場各懷鬼胎，如果真的是硬碰硬，後果可能是兩敗俱傷，因此不妨放軟身段，以妻子兵法來破除先生的戰略，亦即以溫和的口氣感謝先生的坦白告知，既然是先生的紅顏知己，當然要邀請到家中坐坐，吃頓便飯，一定要善待她。

先生必然對你的招數感到愕然，甚至抗拒，你可以微笑地說，「你先去接她，你們就有單獨相處的一點點時間，告訴她你希望她成為我們夫妻的朋友，然後帶回家來，我們認識聊天，讓我多向她學習如何與你的心靈交流，而她也可以向我學習，如何與自己先生相處。」先生如果聰明，就可以聽出你的話中有話，不論他是否聽從你的建議，他已經逐漸能感覺到妻子是不好惹的，他的行為已經在破壞自己的婚姻關係了。

IQ+EQ 一點靈

　　夫妻結婚久了，聊的都是家務事及社會新聞，情感交流心靈相貼越來越少，妻子忙家務事，以為夫妻生活正常就是天下太平。然而丈夫與女同事卻是在網路上分享心事，滋生感情五年之久，這位太太也太不敏銳了，一點蛛絲馬跡，都沒有觀察感覺到。

　　既然先生承認「精神交流」，也保證愛家重婚姻，他就應坦誠地告訴妻子婚姻關係中的欠缺，傾聽妻子的反應，經過懇談溝通後提升彼此的了解與體諒，專注於夫妻心靈交流方面。先生也要停止上網談戀愛的行為，化戀情為友情，夫妻倆歡迎女同事到家中來用餐聊天。

手機情人

心情三重奏

　　偶然間，發現先生與婚前一女性朋友發展了兩年的祕密友誼，他們在彼此配偶不在身邊的時刻，通手機聊天，一天好幾次。我質問他，他的解釋是純朋友而已，沒什麼特別感情。

　　他們兩個一天到晚聊天，對我來說，根本是精神外遇，與肉體外遇是同樣的慘痛，而他卻不覺得我有權利要求他立刻停止此曖昧關係，講完了就像沒事一般，而我真的好受傷，怎麼辦？

脫困妙招

　　如果只是朋友，通常是可以出現在兩個家庭中，也就是說兩家可以公開來往，打家用電話聊天，互邀到家用餐或出外遊玩。兩對配偶都應尊重伴侶的朋友，而成為夫妻的共同朋友，就目前的狀況來看，你先生的在外關係完全不符合友誼的定義，聽起來像是他自圓其說的合理化藉口。

　　不知道也都沒事，現在此事已浮出檯面，你若不採取行動，先生會以為你默許，但是你也不能成天吵鬧，給他更合理化的藉口去向女友尋求安慰，因此你要如何處理此危機是挽救婚姻的關鍵，也就是說要冷靜下來，繼續做你的賢妻良母，同時先自己去找婚姻諮商師，一同檢視婚姻生活的得失，看看可以從哪裡下手改進，是兩人的心靈交流不夠，還是溝通不良。

　　並不是說先生犯錯要妻子承擔，你的努力是要強化婚姻生活，增加吸引力，並且好言相勸先生，彼此間應誠實坦白信任對方，不能見人的友誼是無法維持長久的，必然會傷害雙方伴侶及婚姻家庭。邀請先生一起去做婚姻諮商，你的態度要堅定，但口氣溫和中帶理性與感性，不妨先與婚姻諮商師演練，簡單說，做你能做的部分，如果先生仍愛你且珍視婚姻家庭，他會慢慢知道自己的行為是弊多於利的。

IQ+EQ 一點靈

　　科技發達造成人們生活中的快捷與便利，但也給人際關係帶來許多的煩惱，手機、電子郵件、網路聊天室都是一對一的聯絡方式，有人逃避現實而在網路或手機上「精神交流」，有人為了實踐現實進入網路或手機簡訊談戀愛，給我們帶來想像的空間，獲得心靈的慰藉。

　　夫妻在感情方面應是獨占的，不互相隱瞞的，講手機、傳簡訊、交婚外友即是一個漏洞，既要互信又要尊重對方的隱私權，通常夫妻是不互相檢查對方手機的，定力不足愛情不夠的一方，利用手機偷偷講情話聊心事，就已經是違背了婚姻的誓言，精神外遇固然不可繼續，重新整頓婚姻關係才是當務之急，夫與妻各自的本分。

欲報奪夫之恨

心情三重奏

　　結婚十五年的先生丟下我及兩個國中女兒，不顧我的哀求去與女客戶Ａ女同居。兩人經常出國出差順便遊玩，因為要照顧小孩，我從來沒有跟先生趁出差之便，行蜜月之實，一直在家做黃臉婆，早知道就不要生小孩。

　　我真的很氣先生對我無情，對Ａ女多情，好想報復。Ａ女未婚，住家中，她母親是寡母，以在家經營地下賭場為生，我好想撥電話去警局請他們去抓賭，但又覺得自己有點過分，請問我能這樣發洩心中不平嗎？

脫困妙招

　　你先生變心的原因很多，但絕不是因為你生養了兩個女兒，有可能是他在婚姻生活中有所不滿足，卻未提出來與你討論，也有可能他覺得你的注意力都在孩子身上，或是他在婚姻生活中的互動有所不滿足，有可能是生性風流，或近水樓台與

女客戶產生情慾，總之，他是一個不盡責任的父親及不會處理感情的先生，忙著與新歡談戀愛，在生活上、情緒上都沒有照顧到你們母子，也難怪你傷痛之餘越想越氣憤。

你原本可以採集證據提出告訴，你卻處於被動挨打的地位，而你任他們雙宿雙飛，卻要拿Ａ女的母親來出氣，她又何辜？畢竟你先生及Ａ女都是成年人，他們的行為自己得負責，而她母親即使開地下賭場，跟你先生的婚外情似乎扯不上關係。若你要檢舉非法賭場，是出於守法的正義感，也要有證據，而不是出於報復之心，雖有發洩，但一時衝動可能令你良心長久不安。

奉勸你還是將心力放在婚姻關係的定位及單親家庭的建立，兩位青少女與你一樣的感到受傷，請盡量以正向或中性的言語向她們說明，那是爸爸目前選擇的生活方式。如果他繼續選擇外宿且不與家人互動，分居狀態可能很快的會變成離婚事實，你可以採取主動與先生談判，母女三人必須團結，互相支持來度過難關。

IQ+EQ 一點靈

　　A女奪人之夫固然可恨，但真正可恨的是先生本人，不顧恩情親情完全沒有責任感，兩個成年人擺明了硬要在一起，即使A女的母親也管不了她，因此受害的妻子遷怒於其母親，只能暫時發洩怒氣，丈夫反而更沒有可能性回到身邊，告密抓賭其實是無效的方式。

　　通常我們恨一個人時，與他有關的人事物也都被列入不受歡迎，看多了聽多了還會有氣，甚至遷怒，這是負面情緒的一種模式，怒火攻心時最好能按捺住，不要有任何行動，先找可信任的人或專業助人者談談，檢討自己是否有遷怒的心態，盡快聚焦於當事人與問題，尋求解決之道。

陳年往事令人痛苦

心情三重奏

　　結婚十五年，才慶祝周年慶沒多久，我不小心翻到Ａ君寄給妻子的生日卡。十一年前我曾懷疑他們有染，妻子矢口否認，質問Ａ君，我最要好的國中同學從此不理我，此後婚姻狀況良好，一家四口樂融融。

　　這回妻子終於承認與Ａ君曾有一夜情，就在我出差的那一晚，僅此而已，請我相信她。現在我每天都在想像他們倆在一起的景象，難以入睡，我不知該結束婚姻，還是裝作沒事繼續

家庭生活，因為這件事已是陳年往事？我愛妻子及兒女們，我真的好痛苦啊！

脫困妙招

　　信任感是親密關係上的基礎，從前的直覺懷疑因信任而消失，夫妻過了十一年的幸福家庭生活，現在卻因妻子的承認婚外情，信任感消失，愛心被侵蝕，傷痛與憤怒充滿內心，心情徬徨，再也無法享受親密夫妻愛及快樂親子情。明明是發生在十一年前的事，現在的感覺依然如此真實與殘酷。

　　然而這並不表示你的婚姻是虛假不實的，它經過長時間的發展與考驗，已度過難關，是有良好本質及穩固基礎的婚姻，也許你有一絲念頭想要逃離婚姻，卻是不易摧毀的堅實婚姻。目前你的問題是因為你有心魔，你選擇回到過去，自導自演當時的情景，扮演悲情角色。A君必然是對你妻子有歉意，才會每年寄生日卡，一個遙遠的祝福。而你妻子則是埋葬過去往前看，耕耘婚姻生活，她以為經過這些年，你會原諒她的一夜情，所以才坦然告知。現在你的反應如此，她也一定很痛苦。

　　倘若你選擇讓事情過去，不再計較，則婚姻可以繼續，但雙方都得付出許多精力與心力，妻子更須做些努力來贏回你的

信任，最好的方法就是一起去做婚姻諮商，求取支持與引導，雙方重新建立互信的良好關係。

IQ+EQ 一點靈

一夜情有可能在沒有預期的情況下發生，不倫之性的激情過後還是得回到現實面，婚姻及家庭的吸力讓雙方當事人有愧疚感，決定就此打住，既已發生也沒辦法挽回，就讓它過去長埋心底，各自回到原來的生活，化男女之情為君子之交，這是明智之舉。

丈夫自妻子口中獲知她過去的一夜情，當然心如刀割，怒嫉交加，情緒的洶湧是人性；但自理性面來看，人都會犯錯，妻子曾一時出軌，立刻回頭，她採取正確的彌補方法，全心投入婚姻與家庭，一家四口才有今天的幸福美滿，丈夫就不應該再折磨自己懲罰妻子了。

前夫情事不關我事

心情三重奏

一直對自己的外表沒有信心，三十二歲時因買車結識Ａ君，很快結婚，婚後才發現許多觀念不合，且因他偷交兩、三位女友，所以在一年後離婚。我才發覺一個人生活原來可以很輕鬆，自給自足，此生可以不用結婚了，但是還是有點害怕老來無伴。

昨天突然接到一位陌生女子來電，自稱是前夫從前同事，要我轉告前夫不要再一直傳簡訊給她了，不想再被糾纏。我說不關我事，她卻向我抱怨一堆，氣死我了，下次再打來我該如何應付？

脫困妙招

兩個人無法共同生活，通常都是因為個性與價值觀的問題，與外表無關，不論長得如何，看久了就因熟悉而親切，倒是個性是否合得來，以及雙方是否願在婚姻中努力適應，才是

成功婚姻的關鍵。

　　你因對Ａ君及婚姻失望，丈夫也無意長守婚姻，你離婚後有了新的人生觀，單身生活固然不錯，但也不必矯枉過正，不結婚也不要有親密關係，有機會還是可以結交親近的異性好友或親密伴侶的，老來伴不一定要結婚，好朋友也是伴，但是你也不必拒婚姻於千里之外。

　　來信未說明你是否還與前夫有聯絡，倘若你倆還維持朋友關係，則你可轉達該陌生女子的訊息給Ａ君，並請求他告訴該女子不要再打電話來騷擾你，離婚夫妻既是朋友就應互相關心，保護對方，因此你可以向Ａ君表達關切，但不要指責或評論他的私生活。

　　如果你早與前夫一刀兩斷互不往來，則一切不關你事，下次再有此類電話，心平氣和地告訴她，與前夫早就沒來往，她找錯對象了，歉難幫忙。千萬別動氣，不值得為這種電話生氣，而且口氣越冷，她才會相信你們已是陌生人，知道打來多說也沒用，就會知難而退了。

IQ+EQ 一點靈

　　夫妻大都因鬧到翻臉才離婚，分手後男婚女嫁各不相干，但近年來人們發現離婚對子女造成不良的影響，他們根本是無辜的，而且父子女，母子女均連心，離婚父母逐漸有因重視孩子的幸福而試著做朋友的，朋友的等級很多，只要不以仇人相待，自己好過，孩子也壓力少。

　　沒有子女的離婚夫妻分手後就單純多了，來函的女士原本一個人生活得很輕鬆，卻受到陌生女子的電話騷擾，她前夫實在不應該將前妻捲入他自己的情事，等於也是在打擾她的寧靜生活，她最好的方式是獨善其身，不管閒事。

想要報復分居妻子

心情三重奏

　　發現妻子與Ａ君有兩年的婚外情之後，我們就分居了，她對這個家居然毫無留戀。我之沒有控告他們，是因為不想讓九歲的女兒看到大人們鬥爭的嘴臉。目前妻子與男友同居，女兒則跟著我，父女感情不錯是我唯一的安慰。

　　我的傷痛其實很深，表面平靜，內心老想要報復或處罰那一對男女，每天胡思亂想，請問如何求取內心的平靜？

脫困妙招

　　妻子在婚姻中有所不滿足，她沒表現出來而你也未覺察到，突然發現妻子不忠，必定震驚及有被背叛感，看著她與男友同居，有如在傷口上灑鹽，為了不讓女兒心靈受更多的創傷，你寧可裝沒事，勇敢的經營單親家庭，真的很了不起，然而委屈、不平、受傷的情緒沒有恰當地釋放出來，仍在你心中循環，越不甘心就越生氣，總想採取報復行為，事實上你是個

好心腸、識大體的男人，你並不是真想打擊他們，你只是需要一個出口來釋放你的不滿與怨恨。

女兒已看到媽媽有同居男友，她也被迫接受這個事實，而目前你與妻子處於分居狀態，並未離婚，女兒內心深處有可能會企盼母親回頭，而你因憐惜女兒恐怕也難免抱持一絲希望，此種曖昧不明的婚姻狀態令大家痛苦，最好是大人們以平和的態度來處理婚姻關係，你與女兒才能進入現實世界，規畫新的生活。

建議你去找婚姻諮商師，討論你心中雜念，抒發傷痛情緒，整理自己的生活，拔掉心中那根刺痛的針。如果有機會與離婚單親父親聊聊，互相交流，分享生活心得，你就不會覺得那麼倒楣及孤單，同時也可向他們學習如何以前夫、前妻關係來照顧女兒的幸福。

IQ+EQ 一點靈

人在嫉妒憤怒時通常想到的是毀滅——毀滅他人或玉石俱焚，也有自我毀滅的。巨大的負面情緒造成一股衝動，以為毀滅就是報復，在心中醞釀，亟欲付諸行動。有多少人就因為報復之念長存，自己不快樂，或者產生仇殺、情殺的行為，斷送自己的前途。

案例中的丈夫好在還有可愛的女兒相依生活，為了女兒他不敢輕舉妄動，又控制不了胡思亂想，才會寫信來求助，此時他一定要找婚姻諮商師好好談談，將所有鬱積情緒發洩出來，以對自己及女兒有利的觀點確立新的人生目標，就讓分居妻子自心中及生活中消失吧。

爭取探視權荊棘多

心情三重奏

　　姊姊離婚多年，定期回去探望兩個小孩。前姊夫知道姊姊無意重回家庭後，除了縮短相聚的時間，並以多種理由拒絕姊姊將孩子帶出來活動，或與外公婆見面；他與奶奶更常在孩子面前說許多非事實的話中傷姊姊，而孩子似乎也被限制談話，不能對姊姊暢所欲言。

　　媽媽建議姊姊透過學校老師居中了解，並開導孩子；但老師已被前姊夫拜託過，別多跟姊姊說什麼；並且曾在孩子讀幼稚園時為了姊姊私下去看小孩，而將小孩轉校。請問姊姊該如何做，才能不讓孩子繼續帶著對她的不諒解長大？

脫困妙招

　　離婚對夫妻雙方及孩子都是傷害，萬不得已是不會離婚的，而孩子不論跟哪一方，都不應該被剝奪與母（父）相處的時刻，前姊夫及家人如此對待你姊，也等於在剝奪孩子的母子

親情，學校老師怕事居然也助紂為虐，完全不顧孩子的感覺及成長過程中的心靈需求，做母親的必定於心不忍，飽受煎熬。

當初離婚時若有談好撫養權及探視權，並說好探視時間及方式，男方若未履行，姊姊可向法院陳情，請求協助。但若事先沒有白紙黑字，當男方反悔時，女方就很辛苦了，可能得應用各種管道，人際關係甚至民意代表，向學校曉以大義，施以壓力，至少在學校課後見面是最起碼的人性措施。每個學校都有不少單親家庭的孩子，真正關心孩子的學校應該有恰當的處理經驗。

建議你姊姊親自到晚晴婦女協會尋求諮商，不僅可以紓解積壓情緒亦可商議出可行方法。不過請她記住，離婚以來，做母親都定期探望孩子，母子連心，即使後來前夫多方阻擾，孩子孺慕之情也長在心中，雖然會帶著遺憾與失落感長大，等他們成年之後，姊姊還是會有機會取得諒解的，目前最重要的除了繼續爭取探視權外，也要過好自己的生活。

IQ+EQ 一點靈

　　離婚夫妻翻臉成仇，兩家成陌路人的現象不少，大人將自己的仇恨擴展到生活中各層面，只要跟前配偶有關的事就會引發負面情緒，連探視孩子也不准，雖是對前配偶的處罰，也是對孩子的處罰與剝奪，孩子何辜，被一方父母及其家人阻擋親情，內心有欠缺加上自卑自憐的心理，會影響其健全人格的發展。

　　離婚母親父親一樣思念小孩，但因小孩自小是由母親帶大，母子相依感更深更親，母親對小孩思念之情有可能肝腸寸斷。建議文中的姊姊能找諮商心理師深入晤談，紓解情緒整理思緒，不要讓悲哀情緒把自己變得哀憐頹廢，而是要抱著希望，做自己能做的及自己該做的，來維持親子之情。

先生外遇生子

心情三重奏

我原是小張在公司的頂頭上司，大他六歲，共事後不久瘋狂戀愛而結婚。兩年後我離職赴美讀碩士，他則升任主管，供應我學費及生活開銷，兩地相思我們保持良好的關係。就在我學成歸國時發現他有外遇，而且女友正要臨盆。

吵了半年，孩子也生了，他說他不會再與女友繼續，但要付生活費給她，因他要與女兒保持關係，要常見面。他知道我不會離婚，而他也無意離婚，但我實在很受傷，只是我在經濟方面得完全仰賴他，請問我是否維持現狀？

脫困妙招

自由戀愛而結婚，本應同心維持並滋養關係，但你選擇遠離先生赴美留學，他則利用空檔藉口寂寞有外遇，這並不是正常、實質性的婚姻關係，而是基於便利性，支撐此關係的重要因素居然是金錢，先生吃定你需要他及他的經濟支援，而他能

擁有一位條件不錯的妻子且維持在外的私生活，對他來說並無損失，但對你而言卻是傷害，要維持現狀只是加深痛苦，因此你要有所行動來突破現狀。

既然你不想離婚，基於原本良好的感情基礎，不妨好言相勸說你先生與你一起去做婚姻諮商，在分離這一陣子之後重新開始，回到舊日情懷，試圖建立情緒連結，亦即在每天的婚姻生活中分享大小事，表達關切，且重視性生活，專注在彼此的歡愉。等關係恢復且穩固後再同心來討論非婚生女兒的議題，你可以陪先生定期去看女兒，或以後等她長大些，請她來家裡玩，當然要確定先生與女兒的母親，不再有曖昧關係。

但最重要的還是運用你高學歷的背景找分工作，建立自己的經濟基礎，不需要作傳統的家庭主婦，埋沒你的才華，你才能在生活感情及經濟方面都獨立自主。

IQ+EQ 一點靈

妻子留美深造，除了喜歡讀書求知識外，學以致用才不會浪費人才，以她原有的工作經驗加上學歷，找一份合適的工作應不難，慢慢存錢，有了積蓄後就有經濟獨立的自信。當她可以不倚賴丈夫經濟來源，而丈夫所作所為又令她受傷時，她對丈夫的期待及婚姻對她的意義都會產生新的思考，就不會像現在這樣傷心無助了。

當然她可以先檢視夫妻間的感情及婚姻存在的實質性與必要性，總要給自己跟對方一個機會來營建有實質的婚姻關係，畢竟兩人曾經有過愛情，現在也有恩情及伴侶之情，還是值得一試的。夫妻關係重建，才有心思及能力處理婚外情衍生的問題。

前夫壞榜樣兒子告狀

心情三重奏

離婚後前夫與A女約會，已談論嫁娶，且要與我們上高一的么兒同住，身為兒子的媽媽，我當然支持丈夫再婚。我們平日相處如朋友，但並未與他社交。

我知道三年前剛離婚時，他曾瘋狂的交網友，因不關我事我也不在意。最近我兒子說爸爸整天上網，果然不出所料，他用大學時的照片上網徵友完全不顧慮A女的感覺，我真替她難過，也開始擔心兒子。如果我出面警告前夫不要亂來，我怕他以為我又再嫉妒，而我當然也不能向A女打小報告，該如何是好呢？

脫困妙招

某位心理學家曾說過「過去的表現可以是未來行為的預測」，上網交友若成習性，是很難戒掉的，你前夫這把年紀居然拿大學時的照片上網亮相，可見他沉迷於虛擬人際遊戲中，

有可能越來越脫離現實，也會逐漸影響生活中的親密關係，你的顧慮是正確的。

你的么兒既然與父親同住，父親就有責任提供良好的家庭環境及穩定信賴的親情，當Ａ女發現即將論嫁娶的男友「幼稚」、「沉溺」、「花心」及「不忠」時，大人們的爭執與分裂必會影響到孩子的平日情緒，對父親角色的失望以及對感情的不安全感。你既然與前夫相處如朋友，你心平氣和的話語也許會比Ａ女的吵鬧令他聽得進去。

為了兒子著想，你總得試一試，不妨約前夫出來喝咖啡，先談論孩子們的表現，讓他以孩子為榮，然後再進入主題，「我在網路上看到你上網交友的資料，包括照片在內，人會懷念從前，回憶過去，在所難免，但這樣的行為令兒子覺得可笑，令Ａ女感到困惑，這兩個人在你生命中不都很重要嗎？請你多想一想吧！為了我們可愛的兒子！」也許你說話的當時，他會有防衛之心，但提醒他是必須的，他能聽進去最好，否則就是自作孽了。

IQ+EQ 一點靈

前夫與A女雖已談論嫁娶，似乎對這份關係未全心投入，對A女也未深情迷戀，當然最主要的還是他的個性不成熟。婚姻失敗，理應檢討，總是不希望重蹈覆轍。如果愛玩，就保持單身，上網交友、約會、談戀愛，也是他的自由，但將與A女結婚，又與青少年的兒子同住，他忘記自己有忠於愛情及以身作則教導兒子的責任，摧毀了兒子對他的尊敬及信任。

如果他能及時回頭，讓生活回到正軌，才是兒子的典範，能贏得孩子及前妻的尊敬，也能保持愛情。倘若他執迷不悟，兒子可以選擇與母親同住，畢竟他已經夠大了，可以自己做決定。

情濃轉淡

心情三重奏

　　十五年的婚姻漸趨平淡，太太經常找碴，我常莫名其妙的與她吵起來，久而久之也就相信她天天掛在嘴邊的一句話，「我們倆原來就不合適！」也就同意與她離婚，後來她才坦承已與Ａ君有五年的感情。

　　我被欺瞞許久已經很窩囊了，她還四處去跟親朋好友說，我對她不好才會離婚，明明不是這樣，實在有損我名聲，以後還有誰敢跟我交往？

脫困妙招

　　夫妻感情由濃轉淡，至為遺憾，你來信簡短但內容曲折，想必心中很不好過，你平實敘述，表達不滿卻沒有對前妻口出惡言，相當君子。文中也透露出你並沒有想要復合的念頭，也就是說經過長時間的吵吵鬧鬧，感情都吵光了，她要走你也認命，只是被欺瞞的感覺很不好受，加上她又將離婚導因指在你

身上，你當然覺得很不平，甚至擔心惡名遠播難尋第二春，內心困擾不已，其實你個性溫和，有君子之風，自然會有女孩欣賞你。

妻子欺瞞你的行為是不對的，但是離婚的理由通常不是只有一個因素，你們原本的婚姻可能就有怨隙，她的溝通你可能視為嘮叨，而你的缺乏反應她可能視為不體貼不恩愛，多年來親密互動減少，小誤解卻越積越多，再加上後來的吵架，妻子覺得婚姻中只有慣性無愛情，所以轉而向外尋求慰藉。

當然，妻子推拖離婚理由造成你的困擾，是不恰當且對你不公平，甚至還是另一種欺騙。只是男女分手首重恩情，應以好聚好散為前提，也是給彼此最佳的臨別禮物，才能達到離婚後還是朋友的期待，也維持個人的尊嚴完整性，雖已離婚，你還是要正色但和藹的與前妻懇談，請她用兩人均能接受最一般性的說法，「對這個婚姻我們都盡了力。」

IQ+EQ 一點靈

　　離婚是不得已的，很多人不論是主動離婚或被迫離婚，都不願正視離婚。自己無法面對，也不願承擔責任，轉而怪罪對方。其實大部分的婚姻走不下去，是兩個人不合或者雙方都在婚姻生活中努力不夠，不是誰的錯，既然決定離婚就要和平分手，充滿希望，想想以後的生活會更好，不要常回想原先婚姻的不愉快，這對婚姻毫無建設性。

　　離婚夫妻應多想想對方的好處，才有動力及勇氣在分手後做普通朋友，尤其為了孩子必須常見面，氣氛好對孩子是一種安慰，對大人而言也是成長，任何一位離婚者，修養好風度佳，必定會為人欣賞而再找到合意伴侶的。

國家圖書館出版品預行編目資料

父母心子女情／林蕙瑛著；張蓬潔. -- 初版. --
　台北市：幼獅, 2009.09
　　面；　公分. --（新High親子手記）

　ISBN 978-957-574-738-1（平裝）
　1.性別教育　2.家庭關係　3.家庭溝通
　4.文集
544.707　　　　　　　　　　98013704

・新High親子手記・

父母心子女情

作　　者＝林蕙瑛
繪　　者＝張蓬潔
編　　輯＝周雅娣
美術編輯＝李祥銘
出 版 者＝幼獅文化事業股份有限公司
發 行 人＝李鍾桂
總 經 理＝廖翰聲
總 編 輯＝劉淑華
主　　編＝林泊瑜
總 公 司＝10045台北市重慶南路1段66-1號3樓
電　　話＝(02)2311-2836
傳　　真＝(02)2311-5368
郵政劃撥＝00033368

門市：幼獅文化廣場
●松江展示中心：10422台北市松江路219號
　電話：(02)2502-5858轉734　傳真：(02)2503-6601
●苗栗育達店：36143苗栗縣造橋鄉談文村學府路168號（育達商業科技大學內）
　電話：(037)652-191　傳真：(037)652-251

印　　刷＝崇寶彩藝印刷股份有限公司　　　幼獅樂讀網
定　　價＝250元　　　　　　　　　　　　http://www.youth.com.tw
港　　幣＝83元　　　　　　　　　　　　e-mail：customer@youth.com.tw
初　　版＝2009.09
書　　號＝954204

行政院新聞局核准登記證局版台業字第0143號
有著作權・侵害必究(若有缺頁或破損，請寄回更換)
欲利用本書內容者，請洽幼獅公司圖書組(02)2314-6001#236

幼獅文化公司 ／讀者服務卡／

感謝您購買幼獅公司出版的好書！

為提升服務品質與出版更優質的圖書，敬請撥冗填寫後（免貼郵票）擲寄本公司，或傳真（傳真電話02-23115368），我們將參考您的意見、分享您的觀點，出版更多的好書。並不定期提供您相關書訊、活動、特惠專案等。謝謝！

姓名：＿＿＿＿＿＿＿＿＿＿＿＿＿＿＿先生／小姐

婚姻狀況：□已婚 □未婚　職業：□學生 □公教 □上班族 □家管 □其他

出生：民國＿＿＿＿＿年＿＿＿＿＿月＿＿＿＿＿日

電話：（公）＿＿＿＿＿＿（宅）＿＿＿＿＿＿（手機）＿＿＿＿＿＿

e-mail：＿＿＿＿＿＿＿＿＿＿＿＿＿＿＿＿＿＿＿＿＿＿＿

聯絡地址：＿＿＿＿＿＿＿＿＿＿＿＿＿＿＿＿＿＿＿＿＿

1.您所購買的書名： **父母心子女情**

2.您通常以何種方式購書？：□1.書店買書 □2.網路購書 □3.傳真訂購 □4.郵局劃撥
（可複選）　□5.幼獅門市 □6.團體訂購 □7.其他

3.您是否曾買過幼獅其他出版品：□是，□1.圖書 □2.幼獅文藝 □3.幼獅少年
□否

4.您從何處得知本書訊息：□1.師長介紹 □2.朋友介紹 □3.幼獅少年雜誌
（可複選）　□4.幼獅文藝雜誌 □5.報章雜誌書評介紹＿＿＿＿＿＿報
□6.DM傳單、海報 □7.書店 □8.廣播（　　　　）
□9.電子報、edm □10.其他＿＿＿＿＿＿＿＿

5.您喜歡本書的原因：□1.作者 □2.書名 □3.內容 □4.封面設計 □5.其他

6.您不喜歡本書的原因：□1.作者 □2.書名 □3.內容 □4.封面設計 □5.其他

7.您希望得知的出版訊息：□1.青少年讀物 □2.兒童讀物 □3.親子叢書
□4.教師充電系列 □5.其他

8.您覺得本書的價格：□1.偏高 □2.合理 □3.偏低

9.讀完本書後您覺得：□1.很有收穫 □2.有收穫 □3.收穫不多 □4.沒收穫

10.敬請推薦親友，共同加入我們的閱讀計畫，我們將適時寄送相關書訊，以豐富書香與心靈的空間：

1)姓名＿＿＿＿＿＿ e-mail＿＿＿＿＿＿ 電話＿＿＿＿＿＿
2)姓名＿＿＿＿＿＿ e-mail＿＿＿＿＿＿ 電話＿＿＿＿＿＿
3)姓名＿＿＿＿＿＿ e-mail＿＿＿＿＿＿ 電話＿＿＿＿＿＿

11.您對本書或本公司的建議：

廣 告 回 信
台北郵局登記證
台北廣字第942號

請直接投郵　免貼郵票

10045　台北市重慶南路一段66-1號3樓

幼獅文化事業股份有限公司 收

請沿虛線對折寄回

客服專線：02-23112836分機208　傳真：02-23115368

e-mail：customer@youth.com.tw

幼獅樂讀網http://www.youth.com.tw